跨文化视角下的日语教学研究

张 锐 著

中国纺织出版社有限公司

图书在版编目（CIP）数据

跨文化视角下的日语教学研究 / 张锐著. — 北京：中国纺织出版社有限公司，2024.7. — ISBN 978-7-5229-2078-8

Ⅰ．H369

中国国家版本馆 CIP 数据核字第2024NA5745号

责任编辑：张　宏　　责任校对：王蕙莹　　责任印制：储志伟

中国纺织出版社有限公司出版发行
地址：北京市朝阳区百子湾东里 A407 号楼　邮政编码：100124
销售电话：010—67004422　传真：010—87155801
http://www.c-textilep.com
中国纺织出版社天猫旗舰店
官方微博 http://weibo.com/2119887771
北京虎彩文化传播有限公司印刷　各地新华书店经销
2024 年 7 月第 1 版第 1 次印刷
开本：710×1000　1/16　印张：14
字数：175 千字　定价：98.00 元

凡购本书，如有缺页、倒页、脱页，由本社图书营销中心调换

前言

在跨文化交际的过程中，不同地区的人们会因为生活习惯的不同、价值观念的差异等而产生交际障碍，如果处理不当，就会引起交际双方的误解，导致交际不能顺利进行，甚至会引发冲突。那么，在外语教学中，如何提高学生的跨文化交际能力，让学生顺利实现与外国人的交流，培养具有跨文化交际意识的人才就显得极为重要。在外语教学时，教师就需要秉承跨文化教学理念，构建跨文化外语教育模式，在传授语言知识的同时融入文化知识，不断提高学生的跨文化交际意识与跨文化交际能力。基于此，编写了本书。

本书共七章。第一章为日语教学概述，介绍了日语课程认知，日语教学的概念、任务、目标、重要原则与理论基础；第二章为跨文化视角下日语教学的发展；第三章为日语教学与跨文化交际的融合；第四章为跨文化交际视角下的日语课堂构建；第五章为跨文化交际视角下的日语翻译教学；第六章为跨文化交际视角下的日语阅读教学；第七章为日语文化教学实践应用研究。

本书在写作过程中得到了相关领导的支持和鼓励，同时参考和借鉴了有关专家、学者的研究成果，在此表示诚挚的感谢！由于时间及能力有限，书中难免存在疏漏与不妥之处，欢迎广大读者给予批评指正！

著　者

2023 年 12 月

目录

第一章 日语教学概述 …………………………………… **001**
 第一节 日语课程认知 …………………………………… 001
 第二节 日语教学的概念、任务与目标 ………………… 007
 第三节 日语教学的重要原则 …………………………… 011
 第四节 日语教学的理论基础 …………………………… 021

第二章 跨文化视角下日语教学的发展 ………………… **031**
 第一节 日语教学中的文化导入 ………………………… 031
 第二节 日语教学中跨文化交际意识与能力的培养 … 039
 第三节 跨文化视角下的日语教学实践分析 ………… 048

第三章 日语教学与跨文化交际的融合 ………………… **075**
 第一节 语言、交际与文化能力 ………………………… 075
 第二节 中日跨文化交际中语言的相互影响 ………… 079
 第三节 跨文化视角下的日语交际规则 ……………… 085
 第四节 日语教学中的跨文化教育 …………………… 088

第四章 跨文化交际视角下的日语课堂构建 …………… **095**
 第一节 日语教学质量障碍分析 ………………………… 095
 第二节 日语实践教学课堂构建 ………………………… 102
 第三节 日语课堂与就业衔接 …………………………… 124

第五章　跨文化交际视角下的日语翻译教学 …………… **133**
 第一节　文化与翻译 ……………………………………… 133
 第二节　跨文化交际视角下常见的翻译问题 …………… 139
 第三节　跨文化视角下汉语新词的日译研究 …………… 150
 第四节　文化差异对翻译教学的影响与启示 …………… 157
 第五节　跨文化交际视角下日语翻译教学的策略 …… 161

第六章　跨文化交际视角下的日语阅读教学 …………… **165**
 第一节　阅读教学概述 …………………………………… 165
 第二节　日语阅读教学的常用模式 ……………………… 179
 第三节　基于社会文化的隐性知识与日语阅读教学 … 186
 第四节　文化符号学下的日语阅读教学 ………………… 190
 第五节　跨文化交际视角下日语阅读能力的培养 …… 195

第七章　日语文化教学实践应用研究 …………………… **199**
 第一节　文化介入对日语教学的意义及应用 …………… 199
 第二节　日本文化在日语课堂教学中的应用 …………… 202
 第三节　语用文化在大学日语教学中的应用 …………… 210
 第四节　中日文化差异在日语会话教学中的应用 …… 213

参考文献 ……………………………………………………… **219**

第一章 日语教学概述

第一节 日语课程认知

一、课程的本质

课程是教学的一部分,它的出现可以追溯到我国古代。当前,在实际教学中,课程一词出现较为频繁。然而处于不同时期、不同社会的人,由于实践与理论经验不一、所处地位不同,对课程的认知也不一样。不同的人在探索课程本质时所关注的角度也有所不同,部分人从课程的过程入手展开研究,在他们看来,课程无非就是功课的顺序与进程;部分人更加重视课程的结果,认为学生在学校中所参与的所有活动都属于课程;部分人从计划层次上入手研究课程;还有部分人基于课程实施水平研究课程。正是这些关于课程概念的不同理解,使人们在研究课程的过程中屡屡碰壁,因此,要想系统地研究课程,首先要对课程概念有明确的认识。

从广义上来看,学生在学校里所获取的经验就是课程。为了实现教学目的而进行的学科设置和教学活动以及辅助教学的课外活动等都属于课程,另外,能够对学生产生影响的学校氛围也可以纳入课程的范畴。换句话来讲,除教学开展的正式课程外,校园文化和课外活动等也属于课程。狭义上来讲，各个学校为了满足社会发展对人才的需求所开设的学科以及其内容、活动、目的、范围、进程等的总和就是课程，在教科书和课程计划中都体现了课程。从当前的教育教学发展形势来看，无论是教学理论及方法，还是教育技术，都在课程中有所体现。也就是说，在教学中，课程的设置需要遵循恰当的理论基础，一般地，课程规划会与理论指导相匹配，同时教学方法与技术又会与课程规划相吻合。只有全面理解广义与狭义上的课程概念，才能真正认识课程。

了解课程概念仅仅只是认识课程本质的基础。随着人类生活及生产活动的发展，社会不断进步，在某一特定阶段，基于知识体系与价值体系的相互作用，课程便产生了。课程决策者影响着课程的发展，无论是课程内容，还是课程实施过程，又或者课程管理与评价，都受决策者的影响，与此同时，课程的客观基础又足够扎实，不会轻易动摇，因此，课程也不会轻易变化。以下将对课程的本质展开描述。

(一)从侧面来看，课程体现了国家对人才的要求

学校作为教书育人的场所，存在于社会之中，是构成社会的一部分，和社会密切相关。社会不仅为学校实施教学活动奠定了物质及精神基础，而且为学校实施教育教学活动指明了方向。作为社会的一份子，学校同样需要为社会的发展做贡献，服务于社会。而作为构成学校教育的关键要素——课程，也需要满足社会的需求，并体现在方方面面上。一般而言，课程教学内容的制定需要与社会的需要相符，社会的政治、经济以及学校的办学宗旨共同决定着课程的实质内容。

(二)基于人类生活生产活动的实施以及科学技术的进步，才产生了课程

纵观课程内容，其不仅反映了人类在社会发展中的理论与实践经验，还彰显了科技文化的进步。随着时代的发展，科学技术已经应用于社会的各个领域，尤其是进入信息化社会之后，科学技术在推动

社会发展方面发挥着更大的作用。同时,现代化信息技术也引入教学,对课程产生了深刻的影响。

(三)课程实际上是学生基于自我定位的自主选择

课程一方面需要与社会需求相符,另一方面也要与学生自身的发展相符。为社会发展培养所需要的人才是学校的根本任务,甚至可以说,推动学生身心发展就是课程的最大意义。因此,学校应该依据学生的身心情况来设置课程,选择与学生身心发展相符的教学科目,组织能够促进学生身心发展的课程内容。可见,现代学校课程要求学生发挥自主性,不能做知识的被动接受者,要积极主动地去构建知识体系。为了满足学生的个人实际需求,作为课程的编制者,应该在考虑学校经济实力以及教师能力等外部因素的基础上尊重学生的发展,赋予学生学习的主动权,激发学生学习的兴趣,提高学生的知识技能,进而实现学生的自由发展。当前,课程的本质主要体现在以下三个方面。

首先,世界各国由于课程行政主体不同,而使课程行政体制产生了差别。法国作为西方发达国家,课程行政主体是中央政府,其以指令性文件为准,制定全国性的基础教育课程,这一课程又被叫作"国家本位课程";美国实行分权管理体制,即使是同一个州,课程设置也并不一定相同,就连社区都有自行设置课程的权利,如此,便形成了"地方本位课程"。

其次,由于各个国家政治、经济、文化等的不同,使课程设置主体朝多元化方向发展,尤其是信息化时代到来之后,这种形势日益显著。

最后,不同的课程行政主体分别作用于不同国家的课程设置,共同影响着当前课程设置的发展。

当前,我国教育部规定课程设置的方向。经验表明,实施统一课程设置有利于宏观调控教育教学质量,同时确保教学活动的顺利进行。然而,这种课程模式也存在着各种各样的弊端,在实践中,这些弊端逐渐暴露,尤其是进入 20 世纪 80 年代之后,这种课程模式越发阻碍学生的个性发展,同时极大地降低了学校改革课程的积极性。步入 21 世纪之后,科学技术发展迅猛,计算机、网络等各种信息技术运用到教学中,这极大地冲击了传统的教学观念,同时扭转了单一的教学局面,为教育的多元化发展奠定了技术基础。

二、日语课程的基本结构

在实际教学中,构成课程的各部分结构能否配合得当至关重要。当前,划分课程的标准有很多种,通常情况下,采用任何一种标准都可以将全部课程容纳进去,较为常见的课程划分形式有"学科课程＋活动课程""分科课程＋综合课程""必修课＋选修课",无一例外,它们都很好地概括了全部的课程。

"必修课＋选修课"的课程模式,"必修课"恰如其名,是指全体学生必须攻读的课程,它既可以由国家和地方制定,也可以由学校自行设置。而"选修课"则并不具备强制性,其是为了满足学生兴趣以及实际需要所设置的,可供学生自由选择。一般地,构成选修课的内容丰富,主要包括知识、技艺、职业技术等方面。另外,可以根据选课的自由程度将选修的方式分为两种,一种是学校先为学生划定选修范围,将选修课分组,之后由学生根据范围进行课程选择;另一种是选修方式,自由度较高,学生甚至可以跨年级自由选课。在我国,选修课的开设数量遵循逐级减少原则,在适度的基础上,年级越高选修课越多。

"学科课程＋活动课程"也是当前较为常见的课程开设模式。兴趣小组、课外辅导、班团活动等都属于活动课的范畴,作为增强学生知识技能的渠道之一。活动课的实施不仅能够调动学生学习的积极主动性,培养学生学习的兴趣,还能够增强学生的创新创造能力。当前,人们对精神生活的要求越来越高,这使活动课在教学中占据着越来越重要的位置。在课程结构中,社会活动课已经成为不可缺少的组成部分,它为学生了解社会提供了机会,对于增强学生实践能力具有重要意义。

当前,在课程教学中,无论是基于内容,还是基于时间,都应该将必修课当作课程的教学重点。同时,虽然基础知识的学习十分重要,但学生不能只学习基础知识,还要拓宽知识面,此时就需要选修课和活动课的帮助了。

随着社会对应用型人才需求的加大,教育部开始意识到课程改革的重要性。其从课时入手,为了不增加学生的学习负担,在增加实践教学课时的同时缩减了课堂教学时间。然而,基于课时的课程改革,阻碍了高校日语专业课程的改革,课程设置一方面要确保教学顺利实施;另一方面还要培养出社会发展所需的日语人才。要想突破日语课程改革的"瓶颈",就应该关注以下问题:

①如何划分学科比例,知识类、技能类、素养类学科分别应该占据多少。

②如何维持必修课、选修课、活动课以及社会实践活动之间的平衡。

③如何对日语专业课程进行分类。

三、设置日语课程需要遵循的原则

(一)加强人文精神与科学精神的培养

人文主义课程或者课程中的人文主义主张指的是,在课程的目的上,重视人,崇尚个性;在课程的内容方面,则要求范围广泛;从实施课程的角度来看,则需要尊重学生的发展。换句话来讲,所谓的人文主义就是课程要能够促进学生全面而自由的发展。科学主义同样对课程有所要求:首先,课程应该关注科学本身,发挥科学的力量。其次,在课程内容中增加科学研究成果,推崇科学,提高学科知识课程的教育教学地位。最后,在实施课程教学时,选择科学的方法,以获得良好的学习效果。

当前,为了促进教学发展,必须进行课程改革,课程改革的重点并不是改善传统课程教学的弊端,而是在协调人文精神与科学精神关系的基础上,推动两者建设。基于此,我国在设置日语课程时,不仅要关注专业知识的科学选择与传授,以确保科学精神的培养,同时还要加强人文精神的注入,培养学生的人文素养。

(二)统一知识和能力

设置日语课程所需要遵循的原则之一就是做到知识与能力的统一。知识和能力联系密切,学生只有不断丰富日语文化知识。才能提升自身口语能力,同样地,学生只有具备一定的能力,才能学习更多的日语知识。同时,两者又是相互独立的,从本质上看,知识可以简单概括为概念与理论系统,而能力则属于心理机制,可见,两者是相互区别的。不断积累知识并不一定能够提升能力,能力的形成遵循着一定的规律,并非仅仅与知识积累相关。基于此,在日语课程设置时,不仅要确保所选择的知识具有高智力价值,同时还要选择恰当的教学方式,只有如此,才能使学生在获得日语知识的基础上提升日语能力。从智力发展的角度来看,无论是内部动作,还是外部动作,都具有重要意义。虽然日语课程中蕴含着丰富的日语理论、概念、规则等方面,但这并不意味着口语课程就是理论知识的集合体,应该运用恰当的方式引导学生学习日语,激发学生学习日语的兴趣和积极性,进而提高他们的日语能力。

(三)分科与综合相结合

纵观我国课程设置的历史,在不同的历史时期,我国课程的分科和综合有不同的意义。显然,在我国古代,以综合性课程为主;步入近现代以来,课程设置有所转变,开始重视分科;目前,随着时代的发展,课程朝向综合化方向发展,将分科与综合相结合。选择分科还是综合在很大程度上受到课程目标、课程内容的影响。分科课程弱化了课程之间的联系,突出强调了课程的独立性;综合课程则强化了课程之间的关系,从整体出发,帮助学生认识各学科之间的联系,掌握课程综合知识。事实上,课程之间既相对独立又相互联系,无论是分科课程,还是综合课程,都具有独立价值,分科与综合相结合才是当下日语课程设置应该遵循的重要原则。基于此,在改革日语课程时,要大力加强课程综合化,切实遵循分科与综合相结合的原则。

第二节　日语教学的概念、任务与目标

一、日语教学的概念

日语教学,顾名思义就是教日语的人与学日语的人共同进行的教与学的活动。教日语的人是指在学校从事日语教学工作的工作者,即教师;学日语的人是指在学校学习日语的学生,而日语教学也主要指在学校或相关范围内开展的有组织、有计划的日语教学活动。

给日语教学下这样的定义,是因为任何学科都需要通过概念来揭示其本质和规律。定义可以用比较简短的语言把概念的内涵和外延表达出来,便于区分不同的事物。比如外语,虽然英语、俄语、德语、法语、西班牙语等都可以归结为外语,但不同语种的教学有不同的特点,其表达的内涵和外延也不一样。教学有广义的教学、狭义的教学、抽象的教学、具体的教学,这些都已经有人论述过了。

日语教学与很多学科一样,长期以来注重教师的"教"而忽视学生的"学",这种倾向已经受到严厉的批评。尤其是 21 世纪以来,课程改革理念更新,有些论述强调"以学生为中心",把以往的教学论称为"教论",要将"教学论"改为"学论","教案"改为"学案",人们不赞同这种从一个极端走向另一个极端的观点。介绍上述理念就是要表明,日语教学不能割裂教和学,教和学是矛盾的,但又是统一的。在日语教学活动中,教和学各自具有不同的活动,不能互相代替。日语教学也不是教日语和学日语的简单相加,而是辩证统一的两个侧面。

尽管学生在课堂上自习或回家做作业时,教师不在;教师备课、批改作业时,学生不在。但这并不是教与学的分离,而是在进行各自独立的、不能相互替代的活动。

二、日语教学的任务

日语教学的任务分为一般任务和特殊任务,它们分别是什么?这是日语教学需要回答的首要问题。多年来,日语教学长期存在偏重传授知识,忽视能力和个性培养等问题,结果造成日语教学工作的片面性、盲目性,教学质量不能稳步提高。

(一)日语教学的一般任务

日语教学的一般任务是各教育学段、各学科共同的发展趋势、努力方向及统一的基本任务:即面向全体学生,贯彻德智体全面发展的教育方针,实施以思想道德教育为核心的素质教育,培养社会主义接班人。

(二)日语教学的特殊任务

日语教学的特殊任务主要是指使学生掌握日语学科在各个学段需要掌握的、其他学科无法替代的知识、技能及与之相关的各种能力。

(三)一般任务与特殊任务的关系

一般任务与特殊任务的关系是,一般任务指导特殊任务,特殊任务体现一般任务。一般任务的制定和特殊任务的制定都是重要的,轻视任何一个方面都是错误的和有害的。

三、日语教学的目标

(一)培养日语语言知识能力的目标

作为一个整体系统,语言的构成结构主要可以分为三类,分别为语音、词汇和语法。这是语言结构的三要素,共同作用于日语知识教学。

1. 语音能力培养目标

天赋与后天努力在日语语音能力培养中同样重要,作为日语语言知识能力之一,日语语音能力内容丰富,可以划分为多种能力。例如,日语辨音能力、日语发音能力、再现日语语调的能力、控音能力等。

2. 词汇能力培养目标

为了培养学生的日语词汇能力,可以在以下几个方面努力:

①增强学生对词汇的形象记忆力。

②增强学生辨认日语词汇的能力。

③增强学生辨别词义的能力。

④增强学生能够联系上下文,迅速理解日语词汇的真实意义的能力。

⑤学会运用日语词汇来准确表达自己的思想。

3. 语法规则能力培养目标

日语语法规则能力培养目标可以划分为几个小目标:

①能够对日语词类和句子成分进行分辨。

②能够独立判断日语词汇结构以及句子的语法特点。

③依据语法规则掌握连词成句的能力。

④具备概括语法特点的能力。

⑤掌握概括语体词汇的技能。

⑥正确掌握词的一致性关系的能力。

(二)培养日语学习策略能力的目标

所谓学习策略,是指学习者以获得知识和技能为目的所采用的方式和手段。一般地,人们往往从认知策略、交际策略、资源策略、调控策略四个方面入手来调整学习策略。学习策略是影响日语能力发展的一个因素,学生的日语能力往往在学习实践活动中有所体现。

因此，选择恰当的学习策略对提升学生日语能力来讲至关重要。

在日语学习中，影响自我效能感的因素有很多，包括认知学习策略、自我调整学习策略等，显然，这些都隶属于学习策略。日语学习者的自我调整策略不仅有利于学习者有效调整自我状态，还能够提升学习成就。

正如我们所知，在日语学习中，学习者总会遇到这样那样的困难，这通常被当作学习的暂时性失败，如果此时要想克服困难，继续学习，学习者就应该及时进行自我调整，转变学习策略。

纵观日语学习活动，构成学习策略的能力丰富多样，包括但不限于：有效理解知识和概念的能力；监控自我学习的能力；选择有效感知、记忆、联想等方法的能力；调节学习中自我生理与心理机能的能力；管理自我学习的能力；选择合理预习与复习策略的能力；正确评价自我学习的能力；选择既适合自我个性心理特征又可以有效促进交际的行为方式的能力；主动探索符合日语学习规律的学习技巧的能力；在团队学习中发现及借鉴他人学习方法的能力。从本质上看，当前培养日语学习策略能力就是为了帮助学生掌握日语学习方法，同时提升学生日语水平。

(三)培养日语跨文化学习能力的目标

随着全球化趋势的到来，跨文化学习越来越普遍。当前，人们将跨文化接触、跨文化理解、跨文化交际等统称为跨文化学习。个体以本国文化为基础，接触他国文化，并再现跨文化的过程就是跨文化接触；跨文化理解是学习者客观且辩证地理解日本文化，包括日本文化的基本思想观念与内涵等，跨文化理解会受到学习者自身价值观以及思维等的影响；而跨文化交际则主要指跨文化知识的具体应用，学习日语知识的目的是应用，学习者与日本人友好交际的过程就是跨文化交际，在掌握日本文化知识的基础上，学习者更容易与日本人展开交流。

从日语教学来看，培养跨文化学习能力的关键在于培养跨文理解能力和跨文化交际能力。情感控制能力、有效的交际能力、自我认识能力、意志决断能力、批判性思考能力、人际关系能力、心理调节能力、创造性思考能力、共鸣能力、问题解决能力等都属于日语跨文化能力。

情感控制能力作为日语跨文化能力的主要内容之一,指学习者对自身情感的掌控能力;有效的交际能力则主要指表达自我的能力,包括语言表达和非语言表达;自我认识能力,顾名思义,就是指对自我的认知能力;意志决断能力则指学习者在明确自己思想的基础上确定的目标方向;批判性思考能力就是指学习者站在客观的立场上,分析所获得信息进一步思考的能力;人际关系能力是指学习者与他人保持良好关系的能力;心理调节能力是指学习者自我调节心理情绪的能力;创造性思考能力是指学习者自身的创造能力;共鸣能力是指学习者在共鸣他人情感、观点、心情的同时坚持自己立场的能力;问题解决能力主要是指学习者发现问题、解决问题的能力。由此可见,当前在日语教学中,跨文化交际能力的培养目标就是增强学习者的跨文化理解能力与跨文化交际能力,同时帮助学习者掌握恰当的跨文化学习策略。

第三节 日语教学的重要原则

一、阶段侧重原则

目前,在日语教学中,需要遵循的原则众多,阶段侧重原则正是其中之一。作为语言活动的形式,听、说、读、写、译在日语学习中起着不同的作用,听、读、译的主要作用是吸收并理解语言,说和写则是用来表达语言的主要活动形式。语言交际形式可以分为口头交际与书面交际,显然,听、说属于口头交际,书面交际则包括读、写、译。只有在理解并吸收语言的基础上,才能合理应用表达语言。对于日语教学来讲，无论是理解与表达的关系，还是吸收与运用的关系，都应该正确处理。

在日语教学中，要想锻炼学习者说日语的能力，可以从"听"入手。学习者在听日语的过程中，通过模仿日语发音、语调等来培养说的能力。增强学习者日语写作能力，可以通过阅读、翻译日语文章来增强自身遣词造句的能力。可见，听、说、读、写、译虽然是学习日语的五种能力，但它们之间相辅相成，联系密切。听、说能够促进读、写、译的发展。反过来，读、写、译也能够推动听、说能力的发展。

一直以来，听、说、读、写、译五种能力的教学顺序都存在争议。在当前的日语教学中，最常用的教学顺序就是从听、说阶段入手，逐步过渡到读、写、译，这与日语教学规律相符。

①从本质上看，语言就是口语，因此，口语教学是语言教学的重点。

②运用口语展开日语教学不仅有利于学习者灵活学习语音、语调，还有助于学习者与日本人进行友好交流。

③听、说能力的增强为日语阅读能力的提高奠定了基础。

④一般地，日语口语通常与现实生活相联系，结构简单，词汇实用，更有利于学生记忆。

⑤日语口语练习更为方便，有利于增强学习者的学习兴趣。

总而言之，在实际的日语教学中，通常将口语教学放在最初阶段。伴随着学习者对日语认识程度的加深以及日语知识的丰富，日语教学开始逐步深入，读、写、译等教学方式开始融入教学，这与日语教学循序渐进的原则相符。

在日语教学中，往往根据教学对象来明确教学目的，进而根据教学目的来制定教学内容与要求。对日语教学来讲，听、说、读、写、译五种日语能力同样重要，但是在不同的教学阶段，应当侧重于不同的能力教学。

一般地，将日语教学分为初级阶段、中级阶段和高级阶段三个时期,初级阶段,学习者刚刚开始大量接触日语,此时应该以口语教学为主,学习基础日语知识,锻炼口语交际能力,为接下来的读、写训练奠定基础。作为日语教学的过渡阶段,学习者在中级阶段要一边增强个人听、说能力,同时一边大力练习语法,扩充日语词汇,为增强日语阅读能力奠定基础。学习者进入高级阶段之后,要在全面发展听、说、读、写、译的基础上重点培养读、写、译能力。可见,不同阶段,教学的侧重点不同。

总而言之,人们要想掌握社会文化知识,就应该学习丰富的语言知识,同时,培养跨文化交际能力的必要前提就是掌握日语听、说、读、写、译的技能,在培养五大语言技能的过程中融会贯通日语知识与交际文化,进而推动学生跨文化交际能力的提高。

二、调动学生学习积极性原则

在实际日语教学中,教师往往发挥着主导作用,一旦失去教师教学,学生将无法掌握日语文化知识及技能,同时无法将知识与技能应用于实践中。无论是教学任务的完成情况,还是教学效果的优劣,都受到教师教学的极大影响,可以说教师肩负着教学的主要责任。在教学中,教师应该重视学生的主体性,发挥引导作用,引导学生主动参与学习,激发学生学习动机,促使其积极探索日语知识,这对于发展学生智力,培养学生日语能力具有积极意义。

学生主动参与日语学习活动的内在原因就是学习动机,其为学生学习日语提供了强大的精神支持。学习兴趣、学习需要等都是构成学习动机的主要心理因素。学生在参与学习活动时,不仅要有一定的日语学习需求,还要具备恰当的学习目标,以满足学习需求。一般情况下,学习目标决定着学习的方向,因此又被称为学习的诱因,学习需要与目标共同组成了学习动机。

为了调动学生学习日语的积极性,教师就应该采取以下措施培养学生学习日语的动机。

首先，教师可以通过设置教学奖惩机制来激发学生学习的兴趣；其次，人对世间万事万物都存在一定的好奇心，教师应该抓住这一点，激发学生对于日语知识的求知欲望，并逐步培养起日语学习兴趣；再次，教师在制定日语教学内容时，应该将难度维持在50%左右，这与阿特金森的成就动机论相符，有利于激发学生的学习动机；最后，寓教于乐，教师还可以利用日本游戏、影视、动漫等来激发学生学习日语的热情。

为了调动学生学习日语的主动性和积极性，教师除应该培养学生学习的需要外，还需要激发学习的动机。首先，运用各种教学方法激发学生自主参与语言活动的热情，最常见的方法有讨论教学法、启发教学法和辩论教学法，这对于增强学生日语实际应用能力具有重要作用。其次，教师可以通过创设问题情境来激发学生自主参与。基于此，教师必须对所教授内容进行充分的了解，在新知与旧知之间搭建起桥梁，基于学生目前的日语认知结构，来创设日语应用问题情境。

在日语教学中，存在很多创设问题情境的手段，一方面，问题情境可以由教师设问和作业的方式提出；另一方面，还可以以新旧教材的联系为切入点，或者从学生的经验出发设置情境。另外，创设问题情境的时间没有限制，既可以在教学过程中，也可以在教学即将结束时。首先，为了缓解学生的紧张情绪，教师要尽量营造轻松的课堂氛围。其次在合作中竞争，在竞争中合作，处理好合作与竞争的关系。教师还可以通过开展日语学习竞赛，来构建合作型日语课堂。最后，教师还可以通过完善奖惩机制来激发学生学习动机。通常情况下，与批评和指责相比较而言，表扬与奖励在激发学生学习动机方面具有更重要的意义，同时更有利于增强学生学习日语的信心。

总之，在日语教学中，为了调动学生学习日语的积极主动性，教师就应该合理利用各种各样的教学手段，最终提升学生的日语水平。

三、创设日语学习环境原则

在语言学习过程中,有无融洽的学习氛围、良好的学习环境,对于教学来讲,起着至关重要的作用。我国当前对于日语的学习是一种间接认识,往往将教材作为教学的重点。然而,在实际生活中,语言的运用十分灵活,书本中所讲授的日语知识满足不了现实中语言应用的需要,学生如果只学习书本上的知识,那么将无法在真正意义上提升日语应用能力。

从本质上看,认识由理性认识和感性认识构成,缺一不可,感性认识是理性认识的基础。学生要想掌握日语的文化知识与技能,就应该以感性认识为基础。但是学生在利用书本学习日语知识时,往往会遇到许多日语理解上的问题,此时,就需要构建日语学习环境,以帮助学生展开日语学习。

构建日语学习环境的方式多种多样。

(一)实物直观

表面来看,实物直观就是指学生直接面对面观察实物。显然,学生在学习日语知识时,往往会遇到难懂的地方,此时,实物直观能够在某种程度上增加学生的感性认识。

(二)模像直观

所谓的模像直观,就是利用图片、电视、录像、幻灯等手段来模拟实物的过程。其与实物直观相同,可以广泛调动学生的感性认知,但是在实际教学中,实物直观会受到各种各样的限制导致其无法正常使用,伴随着科学技术的发展,模像直观开始广泛应用于教学之中,并弥补了实物直观的不足,使学生能够更加直观地学习日语知识。

(三)语言直观

作为构建日语学习环境的方式之一,语言直观可以说是最为便捷的、限制最小的措施。生动形象的语言同样可以激发学生想象力,激发感性认识,进而增强教学的直观性。由此可见,教师在这一教学方式中起到至关重要的作用。一般来说,教师个人修养越高,运用语言的能力就越强,也就越容易引发学生的感性认识。

(四)完善教学设施

近年来,随着时代的进步,科技的发展,日语教学环境已经得到了极大的完善。多媒体教学设施的广泛运用,为日语教学营造了良好的学习环境。

教师作为日语教学中"教"的主体,同样应该为创设日语学习环境做贡献。首先,直观手段有利于激发学生的感性认识,在日语教学中,由于教学任务、教学目标、教学内容以及学生年龄的不同,使教学所需直观手段也不一样。因此,教师在选择直观手段时,应该注意它的合理性和恰当性。其次,直观强调的是手段并非目的。学生在学习日语知识时,由于知识丰富度不够,常常会对所学内容感到疑惑,此时便需要教师运用直观手段来解决学生的疑惑和问题。再次,教师应该运用直观手段增强学生对日语的认识。之所以进行直观教学的原因是激发学生对日语的感性认识,显然,日语教学的最终目的是丰富学生的理论知识,基于此,教师在利用直观手段开展日语教学时,不仅要激发学生的感性认识,还要引导学生深入认识日语,进而掌握日语知识与技能达到日语教学的最终目的。最后,教师在日语教学中还应该注意教学资源的选择与利用,不拘泥于教学形式,一切以提高学生的日语水平为主。

四、灵活性原则

在日语教学中,灵活性原则十分重要,只有教学保持灵活,才能激发学生的兴趣,进而在潜移默化中增强学生的日语能力。可见,灵活性原则为兴趣性原则提供了保障。一般地,学生都会对灵活多变的事物更感兴趣,排斥甚至反感死板机械无趣之物。学生正处于生长发育阶段,对周围的一切事物都充满好奇心,有着探索未知的强烈欲望。正是基于语言自身的性质和学生活泼的性格特点，使灵活性原则在日语教学中占有极为重要的位置。学生只有产生日语学习的欲望，才能够提升日语水平。这里所提到的灵活性原则主要包括以下三个方面。

(一)在日语教学中,确保教学方法的灵活性

事实上，自从日语教学兴起以来，便出现了丰富多样的教学方法。没有一种教学方法是完美的，几乎都存在弊端，可见，单一的教学方法不利于日语教学的发展。身为日语教学中"教"的主体，教师应该尽可能地探索更多的教学方法，在教学中，根据具体教学情况来选择最恰当的教学方法。

一般地，日语教学可以划分为两部分，一部分是日语知识教学，所谓的日语知识教学实际上就是关于语音、词汇、语法等方面的基础教学，显然，不同的语言知识内容具有不同的特点。另一部分是日语技能，也就是我们通常所说的听、说、读、写、译，这五大基本技能，它们又可以被细分为各种微小技能。在实际教学中，学习者常常因为天赋、学习能力、知识背景等的不同而形成一定的差距。

基于此，为了促进每一位学生的发展，教师就应该认真对待教学活动，根据学生具体情况，运用各种各样的教学方法来调动学生学习的积极性，增强学生的学习效果。

(二)学习的灵活性

通常情况下，在日语教学中，如果能够确保教学方法与内容灵活多变，那么就能够在一定程度上激发学生学习日语的灵活性。受到传统教学的影响，死记硬背的机械式学习策略已经根深蒂固，学生要想在真正意义上提高日语水平，并非易事。基于此，日语教师应该给予学生一定的帮助，寻找日语学习的规律，帮助学生树立自主学习意识，使学生动起来，自我激励，自我导向，进而积极主动地学习。

(三)语言使用的灵活性

无论学习哪种语言，最终目的都是合理应用，日语学习也不例

外。为了增强学生使用日语的积极性与灵活性,教师需要在潜移默化中影响学生。这就要求日语教师在实际教学活动中,要尽可能多地使用日语,运用日语来讲授知识,使用日语提问并布置作业,帮助学生树立使用日语的意识。很多人错误地将日语教学看作学生机械学习的过程,然而,学生在日语学习中能否发挥自身积极主动性将直接影响到学习效果,因此,学生应该主动参与课堂,主动用日语与他人交流互动。此外,在布置日语作业时,教师应该关注学生实践能力的培养,尽量布置一些练习日语口语的作业。

五、输入优先原则

输入优先原则是日语教学中不可忽视的原则之一。听与读是日语输入的主要方式,说和写则主要负责输出。一般地,我们将输入看作第一性,输出则是第二性,显然,输入为输出的发生奠定了基础。在实际的学习过程中,人们说和写的东西远远比不上听和读的东西,换句话来讲,输出远远低于输入。之所以会形成这样的现象是因为人们听的能力远大于说的能力,看的技能也远高于写的技能。不过,说与写的技能可以在不断积累中慢慢提升,一般来说,人们的说、写技能可以随着听与读的积累,逐渐提升。简言之,语言的输出量受到输入量的正面影响。

克拉申强调,只有有效的语言输入才能使人们获得语言能力,这为输入优先原则的确立提供了理论依据。语言输入是否有效主要取决于以下几点:首先,可理解性。倘若语言接收者,也就是学生无法理解所输入的语言,那么这些语言的输入将毫无意义。其次,趣味性、恰当性。这就要求语言输入要能够激发学生的兴趣,使他们能够积极主动地参与到学习中。最后,输入量充足。要想彻底掌握日语新句型,就应该充分练习语言材料。

(一)可理解输入与不可理解输入

可理解输入与不可理解输入是相对而言的。所谓的可理解输入,就是指所输入的语言材料难度适中,与学生语言发展水平相符,学生能够及时理解语言材料。而不可理解输入则是指所输入的语言材料难度远远高于学生目前的语言水平,这使学生即使努力也无法理解语言材料。

(二)粗调输入和精调输入

粗调输入与精调输入的本质区别就是语言在输入时是否进行了调整。不存在语言调整的是粗调输入,存在语言调整的则是精调输入。基于此,精调输入往往用于日语学习初期,这一阶段,学生对日语了解不够深入,精调输入有利于学生理解日语材料。但是,在日语教学中期或者后期,教师必须综合运用粗调输入和精调输入,以便增强学生的日语语言能力。

(三)自然输入和非自然输入

第一,明确自然输入与非自然输入对学生学习日语的重要性。第二,充分理解并区分自然输入与非自然输入。在实际生活中,人们仅仅利用听、读技能就能够掌握知识的途径就是自然输入,而学生必须经过练习才能够掌握知识的途径就是非自然输入。

(四)外部输入和内部输入

从不同角度来看,语言输入的来源不同,就语言环境而言,外部输入和内部输入是语言输入的主要来源。作为语言输入的一种方式,外部输入是指语言材料是由社会环境或教学输入的。而内部输入则与学习者自身有关,主要包括学生在语言练习时的自我交流。

(五)反馈输入与非反馈输入

作为语言输入的两种方式,反馈输入与非反馈输入是相对而言的。所谓的反馈输入实际上就是指运用反馈信息对学生语言学习假设进行修正,除了反馈输入以外的其他语言输入都可以被称为非反馈输入。纵观当前的教学环境,可以发现反馈输入能够帮助学生寻找日语的语言规律,进而在此基础上修正所学日语,从而不断积累日语语言知识,增强学生的日语语言水平。

在实际的日语教学中,教师需要注意的要点有很多,现总结如下:首先,对日语教学来讲,学生自身的理解能力尤为重要,就学生自身而言,如果他们想要增强语言输出效果,就必须理解所输入的语言知识。基于此,凡是有利于学生理解的语言材料,都可以被用作日语教学材料。在实际的日语教学过程中,常常会遇到很多难度较高的语言材料,学生无法掌握,此时,不可强求,仅仅要求其理解语言材料即可,不需要会说或者会写,也就是说,不需要掌握难度高的语言材料的表达方式。这主要是因为理解就是掌握语言知识的重要过程。虽然教学目标要求学生必须全面掌握语言技能,然而就教学方法来讲,输出的必要前提条件就是输入。

其次,为学生接触日语提供机会。调动学生的感官,运用视、听、读等方法进行合理的语言输入,在语言材料方面,要选择与学生发展水平相一致的。比如,在选择日语声像材料时,不仅要关注语言材料的难度,同时还要保证语言材料与学生实际相联系,符合时代的发展。学无止境,同样地,世界上有千千万万本书,没有人能够完全读完,学生不能将自己限制在日语课本之内,而应该丰富学习渠道,利用网络或者其他形式来学习日语,突破教材的局限性,增加日语接触面。

再次,日语材料的难度也会在一定程度上影响学生的学习,教师必须根据学生的真实学习情况来选择合适的日语材料,在符合可理解性的基础上还要注意日语材料的趣味性。

最后,丰富日语输入内容,拓展日语输入方式。随着时代的发展,各国之间的联系日益密切,当前,在我国存在很多日企,与日语相关的元素更是随处可见。显然,这为日语教学的顺利进行提供了帮助。日语教师可以将生活中存在的日语元素作为学习材料,这样不仅能够丰富日语输入内容,还能够调动学生学习的积极性。另外,日语输入方式也应该朝多样化方向发展,这样有利于提高学生对日语的兴趣。

无论如何,要想增强学生运用日语的能力,提高学生的日语水平,就应该综合运用语言输入与语言输出,两者缺一不可。在实际教学中,教师不仅要增加可理解性的语言输入,同时要开展更多的语言输出活动。纵观日语教学,很多观点都对其发展产生了一定的影响,其中行为主义在 20 世纪 60 年代的影响最为深刻。立足于行为主义观点,习惯在获得一门语言方面起着至关重要的作用,模仿是掌握日语的最主要方式。从某种程度上来讲,行为主义观点具有合理性,这也是迄今为止其仍然能够影响人们学习日语的原因。

在传统日语教学中,学生总是机械性地学习,这是受到行为主义观点的影响。具体来说,基于行为主义的日语教学主张模仿,忽略了学生自身的主观能动性,这不仅不利于学生灵活地学习日语,还阻碍了学生日语实践能力的提升。可见,模仿的应用必须做到恰当合理,掌握模仿的方式在日语教学中尤为重要。为增强日语的可应用性,学生就应该灵活模仿,除关注日语的形式外,还应该注意语调、语音等方面,做到切实理解日语句子和词汇的含义。因此,教师应该为学生模仿语言创设恰当的情境。一般地,语言活动往往与学生日常生活密切相连。

第四节　日语教学的理论基础

一、认知语言学理论

(一)原型理论

无论是从思维、感知层面来看,还是从行动、语言层面来看,范畴划分都是最基本的。著名哲学家维特根斯坦对范畴持有以下观点:凡是属于同一范畴的事物都具有极大的相似性,这种相似性被称为"家族相似性",它们之间或者总体相似,或者细节相似,共同构成了具有复杂相似关系的网络结构。另外,罗什也对范畴进行了深入研究,他认为范畴的划分并不十分明确,具有开放性特点。"原型"这一术语就是他提出的,事实上,"原型"隶属于范畴,在同一范畴中,家族相似性最大的成员就被称为"原型"。

基于原型理论,凡是属于范畴的成员之间都具有高度相似性,相互联系,但显然,这并非满足同一范畴的充分必要条件。不同范畴之间的界限并不明确,相邻范畴之间存在相互渗透;作为某一范畴的成员,原型与该范畴成员有最大相似性,但与相邻范畴成员也有很少的相似性;同属于一个范畴的成员之间所具有的该范畴的共性多少不同,这就导致各成员之间出现不平等现象。如果将范畴看作放射状结构,那么其中心位置就是原型,但这并不意味着原型具有固定性,其同样会随着文化、语境的变化而变化,时刻表现着当下的范畴。目前,原型理论在日语教学中应用广泛,例如,日语语音学、语义学、形态学、句法学等。

(二)概念隐喻和概念转喻

纵观认知语言学,其内容丰富,包含多种理论,概念隐喻就是其中之一。事实上,在过去,无论是隐喻,还是转喻,都被看作修辞,属于修辞学家或者文学家研究的范围。认知语言学家强调不同类型的语言之间不存在很大的区别,隐喻同样蕴含在日常用语中。人们往往利用隐喻和转喻来对抽象范畴下定义。所谓的概念隐喻其实可以用映射来概括,在不同认知域中,从始发域向目的域的映射就是概念隐喻,可见,隐喻具有跨概念性。在实际生活中,人们经常会用熟悉的词汇去描述陌生词汇。概念隐喻与概念转喻具有极大的相似性,但又并不完全相同,一般地,转喻是指同一认知域中的由始发域到目的域的映射。正是因为两者只有是否跨认知域的区别,所以经常难以区分。因此,只有将概念隐喻与概念转喻区分开来,才能学好日语。

(三)象似性

一般地,语言的形式与其实际意义之间存在一定的相似性,这被称为象似性,又被叫作拟象性、临摹性。符号学中的象似符是象似性这一名称的源头,影像符、图示符、隐喻符共同构成了象似符。人们在日常生活中所见的象形文字和所听到的拟声词都属于影像符,可见,其实际上就是一种简单的模仿。当前,语言学者将研究象似性的重点放在了图示符上,图示符主要强调结构上的相似,在语法上有所体现,数量象似性、顺序象似性、距离象似性等都属于语法的象似性。所谓的数量象似性主要是指人们所表达的语言所传递的信息量往往与语言的实际意义呈正相关,也就是说,语言所表达的含义越丰富,则语句越长,在日语中也是如此,一般地,日语的句子和词汇越长,所表达的意义就越丰富。而顺序象似性,顾名思义,就是指语言成分的结构与所描述事件发生的顺序相对应,世界上任何一种语言的运用都该如此,日语也不例外。通常情况下,在语言结构中,词汇的位置也会受到词汇之间关系的影响,关系越紧密则距离越近,这就是距离象似性。

(四)图形—背景理论

认知语言学的图形—背景理论是心理学对人类认知研究的重要贡献,如今,它被广泛地运用于各种认知行为研究中。在完形心理学家看来,图形、背景两部分共同构成了知觉场,显然,两者有着本质的区别。图形具有可感知性,以突出的实体的形式存在,背景则主要起到衬托、辅助图形的作用。例如,当一个人在认真听讲座时,图形就是指讲师所讲的内容,背景则是指周围其他人的谈话;而当其和旁边的人交流时,图形和背景便都发生了变化,此时,图形指他们之间的交流互动,讲师的话则沦为背景。

在语言中,图形和背景同时存在,都属于基本认知概念的范畴。图形作为一个可以移动的实体,存在很多变量,例如,路径、位置、方向等。一般来说，研究图形就是探索其变量，而背景则是用来描述图形变量的参照实体。事实上，蕴含在语言中的空间关系就体现了图形、背景关系。基于图形—背景理论，相关语言学者最先探究了空间关系，进而不断深入研究语言，这极大地推动了语言学的发展。

二、元认知理论

（一）元认知的定义与结构

提起元认知，便不得不对其定义和结构做出概述。1976年，美国著名心理学家弗拉威尔最先提出元认知的概念，在他看来，所谓的元认知就是指人对于自己认知过程和结果的认知。在认知过程中，为了更好地了解认知对象，人们会积极主动地检测并调节认知过程。具体来说，人们对认知现象的重复认知就是元认知，主要是对认知行为、认知状态、认知情感的再认知。基于此，元认知又被称为认知的再认知，作为认知活动的核心，元认知对于推动认知活动开展具有重要意义。

一般地，元认知被划分为三部分，分别为元认知知识、元认知体验以及元认知监控。影响认知的因素多种多样，只有充分认识这些因素，才能更好地完成认知过程，进而得到最佳认知结果，元认知知识就是个体对于这些因素的认识。构成元认知知识的成分复杂，不仅包括认知主体的知识，还包括任务知识、策略知识。认知加工者所具备的知识就是认知主体的知识，而任务知识内容丰富，除包括对认知活动的认识外，还包括对认知材料的认识。人们要想完成认知任务，还需要采取有效的路径，对此路径的认识构成了策略知识，例如，认知路径的选择、认知路径的有效性以及认知路径的应用条件等都属于策略知识的范畴。当前的策略知识主要可以分为三类，分别为条件性知识、程序性知识和陈述性知识。所谓的元认知体验，顾名思义就是指人们在进行认知活动过程中的与情感和认知相关的体验。在阅读日语材料的过程中，读者所获得的真实感受就是元认知体验。

人们在认知过程中对自身认知活动所进行的监控与调节就是元认知监控。

构成元认知的三部分之间既相互联系，又相互区别。元认知知识作为元认知内容的基础部分，不仅为元认知体验的产生提供了条件，还催生了元认知监控，并利用元认知监控发挥功能。而元认知体验同样影响其他两部分，它影响着认知任务的完成，一方面，修正元认知知识，另一方面，推动元认知监控。

元认知体验有积极和消极之分，显然，积极的元认知体验更有利于人们完成认知任务，它能够调动人们认知的积极性，挖掘人们的潜能，进而增强认知效果。元认知监控则具有丰富旧的元认知知识和激发全新的元认知体验的功能。

(二) 培养元认知的策略

1. 完善元认知知识

在日语教学中，要想丰富学生的元认知知识，就应该从以下三个方面入手：

首先，树立自我认知意识。在日语教学中，教师为了提升学生日语水平，就应该积极发挥引导作用，引导学生运用不同的方式开展学习活动，帮助学生掌握自我认知特点，进而探索出最佳的日语学习策略。

其次，增强学生的认知策略水平。在日语教学中，学生应该充分认识到什么是认知策略，探索其可用范围以及使用时间和方法等。一般地，倘若学生的认知策略水平有所提高，将其适当运用到日语学习中，就能够更好地掌握日语知识，增强日语学习效果。

最后，为了增强学生运用学习策略的能力，布朗提出了感受自控训练法，这一方法有利于学生真正理解认知策略，并进而学会运用策略。基于此，学生应该不断运用感受自控训练法进行练习，彻底掌握丰富多样的策略，进而完善元认知知识。

2.丰富元认知体验

培养元认知的方式有很多,丰富元认知体验就是其中之一。在日语学习中,学生如何确立任务目标以及确立怎样的任务目标等都会受到元认知体验的影响。

另外,学生个人的元认知知识丰富与否也受到元认知体验的影响,同时其还影响着元认知策略的产生。基于此,在日语教学中,教师应该积极创设与学生日常生活相关联的元认知体验情境,使学生有身临其境之感,激发学生的元认知体验,进而激发学生学习日语的兴趣。

3.提高元认知监控能力

增强学生的元认知监控能力是培养元认知的重要策略之一。要想实现学生的元认知监控主要可以从两个方面入手,一方面,加强学生内部反馈;另一方面,营造良好的外部环境,为学生学习日语提供良好的氛围。这样有利于教师教学的进行。从某种程度上看,学生的元认知水平主要表现在迁移方面,迁移有正迁移和负迁移之分,正迁移就是指一种学习能够对另一种学习产生积极影响,负迁移则相反。

三、建构主义理论

(一)建构主义理论的含义

建构主义理论起源于西方,经过几十年的发展传入我国。从本质上看,建构主义理论是与知识、教学、学习相关的理论,属于心理学领域。学生在认识外界事物的基础上所产生的心理活动就是建构主义理论中所说的图式。事实上,图式为人们认识、探索事物的本质奠定了基础。基于此,学生在同化、顺应、平衡已经认识了的外界事物的基础上构建知识意义的过程就是图式的发展历程。

一般地,学生有选择地吸收外界刺激并对所吸收知识做出改变的过程就是同化。此时，外界刺激已经转变成了学生的认知，同时以一定的形式与学生已有的图式结构相融合，构成知识体系。然而，并非所有的外界刺激都能引起同化，部分无法同化的外部信息就只能依靠学生调整自身知识体系的方式来获得了，这就是所谓的顺应。提起平衡，人们首先想到的就是化学平衡，这里的平衡主要是指学生在同化或顺应外界事物之后，自我认知发生改变，使自身的意义建构从学习前的状态变为意义建构之后的另一种状态。

学生在同化或顺应了外部信息之后，自身的知识体系发生了改变，显然，当下的知识体系与旧的知识体系有很大差别，但相同的是两个知识体系都处于动态平衡之中。换句话来讲，在外部刺激下，学生的知识体系系统遭到破坏，不再维持平衡，而后，经过知识的同化或顺应，又重新达到了动态平衡状态，此时的平衡是全新的平衡。

纵观建构主义理论，其所包含的教育学理论数不胜数，然而究其本质，虽形式多样，但核心一致。日语教师在教学中设置相关问题情境，学生融入情境之中，不断挖掘日语知识的同时，还实现知识的内化，由此可见，教育的中心是学生。随着时代的发展，现代教育信息技术广泛应用于口语教学之中，并对建构主义理论提供了必要的支持。基于此，教师将建构主义理论合理运用于日语教学实践中，增强了建构主义在教学中的价值，深化了教育改革。

（二）建构主义理论指导下的日语教学形式

随着全球化进程的加快，各国之间的联系日益密切，外语人才对社会发展的贡献越来越大。为了满足社会的需求，我国各大高校开始设置外语课程。日本作为我国的邻国，更是与我国贸易来往密切，因此，将日语引入高校教学中意义重大。培养学生基本的日语能力成为日语教学的关键，阅读能力、听说能力、翻译能力缺一不可。

纵观传统的日语教学，存在很多弊端。日语教师往往在教学中占据主导地位，这极大地削弱了学生的主体性，降低了教学效果。在传统日语教学中，教师扮演着知识灌输者的角色，一味地向学生传授日语知识,掌控着教学的节奏;学生则扮演着被动接收者的角色,机械地学习日语,这在一定程度上降低了学生学习的兴趣。正如我们所知,增强学生的记忆能力也是提高学习效果的措施。因此,很多日语教师会给学生安排背诵课文的任务,但由于任务具有强迫性质,导致学生积极性不高,甚至产生抵触情绪,显然,这无法增强学生学习日语的兴趣,也不利于学生构建日语知识体系,提高学生的日语实践能力,更无法满足社会对日语人才的真实需求。总之,传统的日语教学模式与当前时代的发展及社会的需求不相符,急需创新。

依托于建构主义理论的日语教学模式彻底摆脱了传统教学模式的束缚,不再将课堂教学当作日语教学的全部,同时创新了教学方法。自从进入信息时代之后,互联网逐渐运用于教学之中,承担着辅助教学的任务,网络上有着丰富的日语学习资料,学生可以充分利用这些资源来丰富自我。同时,学生也可以利用网络平台与他人互动交流,探讨日语知识,研究日语问题。开放性的网络平台构建了愉悦的日语学习环境,在很大程度上增强了学生学习的积极性、主动性,从而达到提高学习效率的目的。

身为新时代的日语教师,应该跟上时代的步伐,合理利用网络平台来开展教学。为了加强学生对课堂所学日语知识的记忆,教师可以适量布置一些需要运用网络平台来完成的日语作业,如此,可以增强学生对网络的应用能力,同时锻炼学生的判断、推理能力。日语教师在布置课后作业时,要注意保持作业的难度适中,既不能过于简单,也不能过于复杂。如果学生在完成日语作业的过程中遇到困难,可以自行在网上搜索,或者寻求同学与教师的帮助,这培养了学生的合作精神。可见,当前日语教学需要网络平台的辅助。目前,受到语言环境的制约,日语教学的氛围始终不够浓郁,全日语的交流环境亦是可望而不可即。就目前日语教学情况来看,"日语角"推广程度不够,而且学生与他人用日语进行交流的机会也不多,这根本无法满足学生对日语的训练要求。互联网的发展为这一难题的解决带来了曙光,学生可以利用课后时间与他人开展网上日语交流,充分练习日语,互联网既不具有空间限制,也不受时间约束,这为日语教学提供了良好的契机。日语教师应该牢牢把握这一点,基于社会需求,创设一个可供学生交流互动的网络交流平台,进而推动学生的个人日语发展。然而,网络资源鱼龙混杂,既存在有利于学习的内容,也有阻碍学生发展的内容,因此,学校应该严格监督学生对网络交流平台的应用,防止学生受到网络侵害。

第二章

跨文化视角下日语教学的发展

第一节　日语教学中的文化导入

一、日语教学中文化导入的必要性

(一)由语言和文化的关系所决定

相关研究表明,文化与语言密不可分。语言是文化的一部分,如果说文化是一棵大树,那么语言就是枝丫。在日语学习过程中,如果不主动理解语言的生长环境就容易一叶障目,导致看待问题过于简单、片面。文化为语言的生长提供了必要的"养分",每种文化的独特生长方式也决定着不同语言形式之间的差异。本民族文化的特征、内容等都被包含在语言中,通过语言,文化能够以一种符号的形式展现在人们面前。由此可见,语言是文化的重要载体。因此,学生在学习语言的时候,其实质就是在学习该民族的文化。语言是社会实践的产物,是文化的一部分。现如今的日语教学虽然已经在我国外语教学中占据着重要地位,但是,大多数教师以及学校仍然以培养"尖子生"为标准,比起培养全面发展的日语人才,他们更在乎学生在竞赛、考核中有没有取得优异成绩,相对忽略了对学生日语实际运用与实践能力的培养。因此,从语言与文化的关系角度看,应加强日语教学的文化导入环节，引导学生讨论中日文化的对比，以此增强学生对文化的深刻印象，提升学生对日语的敏感度，在精心渲染的氛围中，让学生更快、更好地接受日语教育，循序渐进地培养学生的跨文化交际能力。

(二)由日语课程教学的基本要求决定

日语课程教学包含着教学理论、教学目标、教学方法等。如今，日语教学系统建立所运用的基本理论主要是语言学的基础性理论；贯穿于日语教学过程的目标主要服务于现实，面向社会发展需求制定教学目标，以此增强学生的自主学习能力以及日语综合应用能力；日语教学方法包括转换生成法、语法翻译法、直接教学法、静默法、二项分析法等。从总体上看，日语教学已经积累了丰富的经验，但在整个教学系统中，设计者与教学者一般都把日语看作一种纯知识性的学科，从而忽略了日语的工具性，即日语是一种交际工具。学生在这种教学系统中能够学习丰富的日语基础性的理论知识，比如语法规则、词汇读音、写作技巧、翻译策略等。日语教师在这个过程中关注并培养学生的语言能力，但这种语言能力更多倾向于基础性知识的运用，以此应对考试、考核等，用一种近似于投机取巧的方法机械地开展日语教学活动。随着全球化的深入，社会以及市场对日语人才的要求逐渐提高了，日语文化教学必须导入文化知识以及背景补充，这样，学生在实际使用日语的过程中才不会只知其然不知其所以然，能够有效避免由于文化差异所造成的语用错误，还能增强学生的日语文化交际能力。

(三)由国内外客观形式及大学生文化习得现状决定

纵观国内外日语人才需求以及日语教学中大学生习得现状，不难发现，日语教学中存在着一对不可忽视的供需矛盾——大学生的日语习得无法满足当下社会对应用型日语人才的需求。学生在课堂中学习的日语知识只是一些基础性理论，当学生走进社会会发现，在课堂中学习的日语不能完全满足自己在现实中的交流需求,要想提升日语交际能力还要靠自己的进一步学习。从这个角度来看,日语教学中文化导入是十分必要的。为培养日语应用型人才,摆脱母语在日语学习过程中的干扰,应该在日语教学过程中融入日本社会以及文化教学。向学生介绍日语国家的礼仪风俗、文化习惯、地理人文、社会热词等,这种文化的学习不仅能够开阔学生的眼界、增长学生的见识,还能激发学生更大的日语学习兴趣。日语文化的传授能够让学生的日语实际使用能力得到有效提升,为社会培养更多实用型日语人才。

日本人最主要的文化心理就是善于接受并学习外来事物,这种心理在日本发展的历史过程中有众多体现,例如在明治政府时期,日本积极引进、学习欧美文化以及儒教、佛教、神道文化,多种文化的融合必然会引起冲突,因此,日本也在此过程中养成了善于学习、善于折中的民族文化习惯。这种文化习惯不仅影响着日本人对外来文化的态度,还影响着日本人生活的方方面面,对日语的发展变化过程也具有重要影响。日本的折中思想与中国的"和而不同"思想有着极高的相似性。儒家文化发源于中国,其思想中较为突出的观念之一就是"和而不同",儒教传入日本,其中的某些思想肯定了日本积极摄取文化的民族心理。教师在教学过程中可以从某个文化角度切入,探究中日文化的异同点,并带领学生了解文化特征的形成原因,这种教学方法能够使学生对日语及其文化有更为深刻的体验和感悟,由此使日语教学活动达到事半功倍的效果。

二、日语教学中文化导入的原则

(一)目的性原则

日语教学文化导入活动要遵循目的性原则。在日语教学过程中,目的性原则是首要原则,日语教学活动都是围绕一定的教学目标展开的,不同目的的设置对于整个教学活动的设计都有着重要影响。

为实现一定的教学目标，教学方法、环节设计等都要——对应，开展教学活动的时间、空间等也要精心设计。教师可以在导入新课时，通过形式较为新颖的学习资料激发学生的学习兴趣，告知学生本节课的学习目标，并由教师掌控课堂节奏，运用各种方法引导学生逐步实现学习目标。

在此强调两点：第一，教师不能为了导入而导入，导入内容应参考本节课的教学内容，应服务于实际的教学目标，不能选取与本节课程内容无关的信息，否则会导致学生在课堂上产生迷惑心理，杂乱无章的知识体系不利于学生对日语知识的把握和理解；第二，文化导入切忌生搬硬套，应合理评估导入活动，预想实际课堂中会出现的问题，必要时可借助游戏活动。

(二)适用性原则

日语教学文化导入活动要遵循适用性原则。教师在实际的教学活动中不仅要把基础知识当作教学重点，还要把必要的日语文化知识当作教学重点，以此提高学生的语言敏锐度以及准确度，结合教材内容以及社会需求，选取具有现实适用性的日语文化知识，提高学生的日语交际能力。

(三)主体性原则

日语教学文化导入活动要遵循主体性原则。教学理念应随着时代进步而更新，文化导入活动设计应以学生为主体，日语教师充分发挥引导作用，掌控教学的整体节奏，设计教学活动让学生感知日语的魅力。学生发挥主体作用完成任务的过程就是强化、记忆日语知识的过程，也是在进行日语实践的过程。在语言的学习过程中，学生的学习具有特殊性，他们不仅是一般课程知识的接受者，还是日语课程知识的实践者，学习语言就是在学习文化，学生能够在文化导入环节汲取日语文化中的优秀民族品质。学生通过自主理解、思考、实践等过程，能够促进学生个体的全面发展，这种发展不仅体现在学生的日语课堂成绩方面,还表现在学生的日常生活与心智发展方面。

(四)实用性原则

日语教学文化导入活动要遵循实用性原则。日语教学应充分尊重现实,实事求是,应及时筛选、去除已经被现实生活淘汰的、与现实生活相去甚远的日语表述形式,主动充分了解日语表达新形式,教授给学生更为地道的日语使用方法。同时,日语教学还应将学生个人发展与教学计划联系起来,调研当今社会对日语人才的需求,结合时代特色以及职业要求,适当改进或者补充日语教学目标。除此之外,日语文化导入环节的内容不宜过于简单,这样不利于激发学生的学习兴趣,但也不宜过于深奥、理论化。

(五)简洁性原则

日语教学文化导入活动要遵循简洁性原则。文化导入作为一种教学活动,所占用的课堂时间比例不宜过高。一般来说,文化导入环节控制在 3 到 5 分钟比较合适,如果导入时间过长就会引起学生对课程的厌烦情绪,如果导入时间过短,此环节就不能明显提高学生的学习兴趣,学生没有做好充分的准备是不利于整个课堂的开展的。

再者,简洁并不等于简单,日语教学是一个严谨的实践过程,是由导入、呈现、理解、巩固和结尾这五个主要环节构成的统一整体。从哲学的角度来看,日语教学导入是日语教学整体的组成部分,是构成日语教学系统的"零件",整体效果的发挥依靠构成整体的各个要素共同实现。因此,教学导入活动应和其他环节活动相配合,教师在尽可能短的时间内引起学生的学习兴趣,为接下来教学环节的逻辑思路做铺垫。相较于传授文化知识,教师讲课的难点其实是把握学生想法并积极主动出击,维持学生对知识的新鲜感、好奇心。而简洁的文化导入内容不仅能有效吸引学生注意,还能培养学生的问题意识与独立思考能力。

三、日语教学中文化导入的内容

(一)基础背景文化

这里的基础背景文化主要包括两部分的内容,一部分指的是语言产生的社会历史文化背景,另一部分指的是语言使用的社会历史文化背景。日语教学不是一种单纯的语言教学活动,它也应该是一种日本文化的教学活动。因此,本书认为,日语教师应该在日语课堂上有意识地导入一些日本基础背景文化知识,例如,日本的政治、历史、天文等知识。在学习日语的过程中,如果学生无法对与日语知识相关的日本文化知识有着足够的了解,那么,其就很难完成对日语教材的消化。因此,教师应该认识到日语学习与日本文化学习之间的关联性,在日语教学中不断地导入日本文化。此外,日语教师在日语课堂上向学生输入日本文化知识时还应该让学生了解到世界各民族的文化都是平等的,不应该用自己本民族的文化标准去判定其他民族的文化,应该具有跨文化意识,能认识到中日文化之间的差异,同时在了解日、汉语言时也能更加自如。

(二)社会规范文化

规范其实就是一种标准或规则,是社会或群体希望个体应该自觉遵守与维护的规则。一般来说,规范与交际有着十分紧密的联系,是一套完整的规约,能指导人们的行为。规范连接着环境与符号,使环境与符号之间因为它可以产生"交流"。规范主要由民俗、道德规范与法律三个范畴组成。其中,法律是政治范畴的一部分,因此,教师不应该将其看作是日语课堂上文化导入的重点,应该将民俗与道德规范作为文化导入的重点。其实,道德规范与民俗之间也是有着紧密的联系的,前者是后者的一部分。民俗范畴中也有一些与日语学习有关的内容,主要包括两部分,一部分为言语规则;另一部分为非言语规则。道德规范可以在一些言语规则与非言语规则中体现出来,主要体现为一些特殊的语言,表现为禁忌语、体态语等。

在社会中生存的个体的言语行为并不是随意的,是需要遵守社会或群体所制定的规则的。在同一个社会或群体内部,言语规则是为个体必须要遵守的,因而它在一定程度上可以对个体的说话内容与方式予以制约,同时也能将不同社会、群体在诸多方面的差异表现出来,可以将文化背景差异表现出来,也可以将价值取向等差异表现出来。因此,日、汉语言在言语行为上的差异是十分明显的。

人与人之间交流的形式并不是固定的,可以使用言语行为方式。也可以使用非言语行为方式。与前者相比,后者在交际中也能发挥重要作用。在同一个社会或群体内部,许多的言语行为都是约定俗成的,是为所有成员所必须遵守的,且不同的社会或群体所认同的言语行为又是不同的。总之,不同民族之间的文化差异的确存在,对于两个民族来说,相同的言语行为在意义方面可能会存在差异,而不同的非言语行为在意义方面则可能会存在一致性。

(三)词语文化内涵

词汇在语言系统中的地位与作用是不容忽视的,我们知道语法很重要,它就像是语言的骨架,将语言支撑起来,有了语法,人们就能很好地将自己的意思表达出来,但如果没有了词汇,人们就无法表达出任何意思。不少教师与学生都对日语学习存在一定的误区,教师告诉学生要多积累日语单词,学生也谨遵师命,想尽一切办法死记硬背,明明不少学生确实花费了大量的时间与精力去背诵词汇,但他们最终也没取得很好的日语成绩。之所以会出现这样一种情况,主要就是因为他们只是单纯地记住了词汇的字面意思,而词汇的意思是灵活的,在不同的语境中往往表现出与其字面意思较大的差异。因此可以说,只是了解词汇的字面意思显然是不够的,学生必须要了解词汇的文化内涵。日语词汇体系中有一类词汇的文化内涵相对来说会比较丰富些,这些词汇主要包括习语、典故、委婉语等。

(四)情景适应性规则文化

情景因素可以对交际环境产生直接的影响,它甚至还被宽泛的文化环境所制约。这里的文化环境包括许多内容,有人们非常熟悉的普通的交际环境,也有一些社会环境等。要达成有效交际的目标,本书认为,不仅要对各种文化环境有清楚的认知,而且还要对交际与之密切关联的情景有准确的认知,因为人们在交际中所使用的语言符号与非语言符号都是为情景所限制的,且情景中的社会因素能决定交际的许多问题,不仅能决定交际者说什么,而且能决定交际者的交际手段、目的等。

不同的文化有着不同的情景规约,因而也有着自身的情景适应性规则。要达成有效交际的目标,本书认为还应该对不同文化之间存在的情景适应性规则差异予以了解与把握。在某一种文化情景中的行为是符合其情景规约的,但这并不意味着这一行为会符合其他文化情景中的文化规约,甚至有时候在其他的文化情景中,这些行为很可能违法。

(五)跨文化交流的文化差异

一个国家或地区的语言能够反映这个国家或地区的文化,而每个国家或地区各自的文化也促成了各自的语言。在进行跨文化交流时,处于一种文化环境中的人经常谈论的事情或许是另一种文化环境中的人不想提及的事情。要想实现良好的跨文化交流,必须要了解另一种文化的禁忌。不同文化环境下的风俗习惯和观念的不同会导致两种文化之间的交流与互动受到阻碍。比如,日本人特别在意鞠躬这一举动,且经常会向其他人鞠躬。他们会在打招呼时鞠躬,在道歉时鞠躬。除此之外,日本人还会在鞠躬的同时,向对方说一些谦卑恭敬的话,以表示自己尊敬对方的态度,从而使对方对自己形成友好的印象,获得对方的好感,并在邻里间留下自己友好的形象和有礼貌的形象。但是学生没有这样熟练的与人交流的能力,容易产生不自然的感觉。教师为学生讲授日本文化的时候，一般都比较注重讲解日本的历史等书面的文化，并没有重视日本人交流习惯和交流方式以及交往心理的传授，这些交际知识的缺失导致学生不能够全面地了解日本的文化，也导致学生会认为日本文化就是一些片面的东西。这样的理解是错误的，是不利于学生学习日本文化的。学生和日本人交流的时候，常常会使用自己国家的交际思维与日本人进行对话活动，这样的交际思维是错误的。学生应当充分了解日本人交际的习惯和方式，用日本交际思维与日本人对话或互动，这样才可以实现友好交流。

因为学生缺乏用日本文化进行交际的实践，所以日语教师的一个重要任务就是使这些学生充分理解并掌握日本文化，以便达到与日本人流畅交流的目的。日语教师要注重向学生传递正确的观念，传授日本文化中的交际思维和判断思维，也就是正确与否的判断思维，并将这种教学内容巧妙地融入日语教学活动中，帮助学生获取日本文化知识，锻炼学生学会与日本人交流，提高日语学习能力，获得跨文化交流的技巧。每个国家文化的背后都有着该国长期以来形成的思想观念，因此，日语教师需要用科学的教学方式来帮助学生形成日本文化下的思维方式，帮助学生提高日语运用水平，这样才可以实现日语教学促进学生全面发展的目标。

第二节 日语教学中跨文化交际意识与能力的培养

一、日语教学中跨文化交际意识的培养

(一)跨文化交际意识的内涵

人的意识能够影响人的行为。人们进行跨文化交流的时候，需要使用跨文化交际的技巧与对方交流，这样才可以从对方文化的角

度理解对方话语中的含义,推动双方跨文化交流的正常展开。

文化的不同导致人们在交流的时候会呈现出不同的态度和观点。跨文化交际意识强调各民族文化的差异性,要求人们互相尊重彼此的文化,倡导在友好的交流环境中进行不同文化间的碰撞。综上可知,要想使社会得到发展就必须要使人们学会用跨文化交际意识与他人进行交流。

研究跨文化知识时,跨文化交际意识这一知识面主要聚焦在人的认知层面。跨文化交际意识在人的脑中发挥作用引导人的行为。并且,跨文化交际意识与文化息息相关,需要人们积极探索自己国家的文化和其他国家的文化的差异,以此来提高自己在跨文化交际中的交流水平。

跨文化交际意识主要有三个不同的内容。

①理解不同文化间的差异。

②接受不同文化间的差异。

③能够应对不同文化间的差异。

所有民族的文化都应是平等的,没有高低贵贱的区别。学生需要理解不同文化的内涵,用跨文化交际意识来充分理解其他民族的文化,从而实现跨文化交际双方的友好互动。

(二)日语教学中跨文化交际意识的培养策略

1. 以文化教学为依托,培养学生的跨文化意识

(1)文化差异直接影响跨文化交际

跨文化交际是各个国家和民族不可或缺的交际行为,也形成了一门学科。学生们学习其他国家的语言大多只是停留在表面,不能达到与其他国家的人流利交流的标准。语言能够反映背后的文化底蕴,能够展现文化的魅力。目前我国学生学习日语只是学习了日本语言的理论,没有掌握日本的文化,这样的日语学习不利于学生与日本人沟通交流。中国和日本两个国家的文化有着许多差异,增加了

双方跨文化交际的难度。教师要引导学生解决跨文化交际的困难。语言的运用是复杂的,有时一种意思可以有多种表达方式,而不同的表达方式会带来语句含义的细微差别。如果要减少语言含义的出入,就必须向学生传授日本的文化,这样学生才能够全面地了解日本的文化和语言应用习惯,获取丰富的日本文化知识。

(2) 文学作品中的文化教育是优化日语教学的关键

日语教学不应当只是涉及语言理论知识,还应当在课堂中增加日本文化的知识内容。教师在课程中要向学生教授全面的日本文化知识,帮助学生形成跨文化意识,提高日语交流水平。

语言与背后的文化密不可分,语言能够映射出文化,还能促进文化发展。教师教授日语知识时,还要传授日本文化知识,进行全面教育。这样做既可以帮助学生形成跨文化意识,还能锻炼学生运用日语进行跨文化交流的能力。中日之间跨文化交流不仅指的是中国学生与日本人的语言交流,还指的是中日之间不同文化的交流。

教师教授日语的过程是一个循序渐进的过程,能够使学生真正学到日语相关知识。教师不仅要教授日语理论知识,还要教授日本文化中重要的"和"文化。日本人重视和谐,为增进与他人的关系,他们会使用较为委婉的语言表达形式与人交流。许多地区的人们都有这种含蓄的语言表达,但是在日本,这种含蓄的语言使用得非常多。日本人常用委婉的表达方式而不是直接的表达方式。

语言从形成到发展,都是无法与文化脱离分开的。要学习一门语言,只是简单地了解语言的基础知识,显然是不够的,必须要对语言背后的文化有清楚的了解,同时还应该在语言学习中自觉地引入文化,使文化成为学生学习日语的重要媒介。对教师来说,必须要清楚地了解到日语语言与日本文化之间存在的内在联系,在日语课堂上不能过于重视讲解日语词汇、语音、语法等基础语言知识,而是需要对词汇所蕴含的文化进行详细的讲解。只有这样,学生才能既掌握一定的语言能力,同时又能对日本文化有一定的了解,从而在应用日语时能做到准确应用。语言的学习与使用需要一个良好的环境，这意味着它是不可能脱离文化语境而存在的。人是生活在社会生活中的，人的一切行为都必须要为一定的社会文化模式所限制，当然，人的语言交际行为也应该被包括在内。其实，那些在日语学习中加强日本文化学习的学生往往能掌握更加全面的日语知识，同时也能更加准确地使用日语。

2. 在听力理解中培养跨文化交际意识

日语教学的最终目标并不是让学生掌握日语语言基础知识，这是学生学习日语的基础目标，最终目标应该是培养跨文化交际能力。在日语听力了解中，学生不能只是将精力放在对话者使用的词汇和语法上，而是应该能在与对话者的对话过程中的日本文化语境进行认真的分析，从而不断找到语言背后的文化意义，进而对日语信息进行重新解构，了解日语的具体使用规范。

(1) 巩固基础知识，培养跨文化交际自信心

要想提高日语听力理解的效果，首先就需要学生掌握扎实的日语基础知识。首先，学生应该先学习并掌握正确的日语语音语调，同时还要自觉地进行跟读训练，并在跟读训练中了解自己在语音、语调及语速等方面存在的问题，并积极解决问题。其次，听力理解需要一定的词汇做支撑，那么学生就需要在学习中积累大量的词汇，同时应该了解词汇在不同语境中的具体应用问题，也就是要了解词汇蕴含的文化知识，掌握词汇在不同文化语境中的应用。

影响跨文化交际的因素有很多，其中比较重要的一个因素就是交际者的交际心理障碍。在交际的过程中，恐惧、自卑等心理都会使交际者在实际的跨文化交际中产生影响，这些影响的程度是不同的。在实际的听力教学中，教师必须要有意识地培养学生健康的文化观，使其在日语学习中能对日本文化有准确的了解，进而在语言学习中逐渐掌握日本文化，同时借助日本文化来完成对日语语言的学习。在日语学习中肯定还会遇到母语文化迁移的情况，对这种情况，教师

要引导学生正确地对待,要了解母语迁移是学生长期以来使用母语所产生的必然结果,这种情况是客观存在的,在日语学习中学生能做到的就是尽量避免母语迁移的影响。

(2)通过对比培养跨文化交际意识

在听力训练中,比较法是一个比较重要的方法,在学生进行听力训练之前,教师应该为学生梳理出听力材料中的一些关键词汇,同时要引导其对中日文化差异有足够的了解。在了解听力材料的关键词汇之后,学生就能围绕关键词汇去延伸学习内容,在课前完成对相关日本文化的挖掘与分析,并将这些文化知识应用在日语学习中,这样,其就能在听力过程中完成对听力材料的正确解读。

(3)网络多媒体的运用

当前,人类已经进入信息时代,各种信息技术不断涌现出来,并在人类生活的各个领域中获得了不错的应用,教育领域也不例外。教育改革也已经开始向着信息化的方向前进,尤其是网络视频技术的发展,更是为日语学习提供了重要的学习手段。学生借助网络,可以自行收集各类日本文化知识与日语基础知识。在网络平台上,学生可以根据教材内容以及教师的要求去自行搜索各种不同的听力材料,同时基于自己的爱好与需求去进一步拓展日语听力材料的范围,这样,学生就能在收集日语听力材料的过程中完成对日本文化知识的了解与掌握。其实,这就已经表明,日语听力理解是不可能脱离日本文化单独存在的,日语语言知识始终要与日本文化知识联系在一起。不过,本书还应该指出的是,在学生进行网络听力材料收集时,教师还应该对其进行必要的引导,使学生能正确选择适合自己的、能发挥巨大效果的材料。

3.改善教师的文化教学意识

在日语教学中,日语教师对教学质量有重要的影响,也对学生的学习质量产生不小的影响。因此,日语教师要了解自己在日语教学中的重要性,要自觉地掌握全面的日语语言知识,同时还应该自觉地不断提高自己的文化素养。当前，中国的不少日语教师都是本国高校培养的，他们所学习的知识也大多局限于日语基础语言知识，并没有对日本文化知识有全面的掌握，即使有了一定的认识，也不是那么深入。这就使其在教授日语的过程中并没有将足够的文化知识传授给学生，也使学生在日语的学习方面有所欠缺，更不能培养学生跨文化交际的意识与能力。

教师要改变自己的日语教学意识，应该形成文化教学意识，在日语课堂上自觉地融入一些日本文化知识，同时要在课下多积累一些日本文化知识，多整理中日文化之间的异同点，并引导学生认识两种文化的差异与共性，同时在日语学习中灵活地应用这些文化知识。

二、日语教学中跨文化交际能力的培养

（一）跨文化交际能力的界定

不同的学者看问题的角度不同，因此，在解读跨文化交际能力时，给出了不同的解释。在学者陈国明看来，在某种环境中能有效、得体地完成某种交际行为，从而获得一些预期回应的能力，这就是跨文化交际能力。

达成跨文化交际的目标应该有效地减少交际中存在的不确定性。从心理学层面上来看，跨文化交际能力指的是人们所具有的内在能力，是一种在交际中可以解决文化差异、处理心理不适等问题的能力。这一定义的侧重点为人们在交际中的跨文化能力，就是如何处理交际中的文化差异的能力，并没有对交际过程中人们的行为是否得体进行解释。

尽管不同的学者在认识跨文化交际能力时可能存在偏差，但是它们之间也存在一定的共性，这里的共性主要包括两点，一点是交际场景是具有跨文化性的；另一点是交际行为是得体的且有效的。语境指的是交际双方交际过程中所处的场景或场合，所有的交际行为都必须要在一定的语境中进行，没有语境，交际行为也无法真正发

生。能影响交际者交际行为的因素有很多,比如交际者的社会角色、交际目的等,这些因素能产生的影响是直接的。每一个交际对象所处的文化背景都是不一样的,这也决定了他们在认知交际行为模式、规范等方面也有着明显的差异。这就使其对同一个场景中的交际者的交际行为产生了不同的期待,因而其在判定交际者的行为是否得体方面也有着自己的标准。如果交际者的交际行为与自己所认知的交际规范不一样,那么人们就会认为交际者的交际行为是错误的,甚至有些人还会对交际者的交际行为产生厌恶的情绪。而当这些负面的情绪被表露出来之后,所谓的跨文化交际的道路就被封堵了,跨文化交际也会陷入失败的境地。

(二)日语教学中跨文化交际能力的培养方式

1. 创新日语教学方法

本书对日语教学的实际情况进行分析,发现不少教师依然没有摆脱传统日语教学理念与方法的影响,依然将日语教学的重点放在日语语音、词汇与语法等基础知识上,这让不少学生并没有真正掌握日语知识,使他们无法灵活地使用日语,无法用日语与他人进行交流。从这个意义上来说,日语教师不应该坚守传统日语教学理念与方法,而是应该总结过去的教学经验,吸收先进的教学理念,不断创新日语教学方法。在日语课堂上,教师应该多为学生提供一些用日语交流的机会,为他们组织多样的日语教学活动,尤其是要为其营造多样的日语学习情境,从而使学生可以在不同的情境中学习到更多的日语知识。而且,更为重要的是,在参与情境的过程中,学生不仅能学习到更多的日本文化知识,而且还能培养自己的合作精神。

2. 课程设置的改革要注重对学生人文素养的培养

纵观日语教学的现状,可以清晰地发现,日语教师并没有重视对日本文化的教学,甚至在日语课堂上根本就不会提及日本文化。文化是语言产生的土壤,要真正了解日语知识就需要对日本文化有足够的了解,否则,所谓的日语语言知识学习也不过是无源之水、无本之木。从这一点上来看,学校必须要认识到当前日语课程存在的不足,积极改革日语课程,设置日本文化课程。日本文化知识的讲解不应该只是日语教师的任务,学校还应该积极从校外邀请一些日本文化专家、日本友人,从而使学生可以了解更加全面而深入的日本文化。了解日本文化并不意味着推崇日本文化,要知道的是,日本文化是脱胎于中国文化的,它的体系中总是有着中国文化的"影子"。因此,在日语教学中,日语教师除了要介绍日本文化之外还应该介绍中国文化,让学生进行中日文化对比,从而使其可以在中日文化对比中更加了解日本文化,从而更好地学习日语。

3.增强学生跨文化交际意识

(1)掌握非语言交际技巧

跨文化交际能力不仅体现在学生对语言技巧的实际应用上,而且还体现在其对非语言技巧的实际应用上。那些语言技巧之外的所有行为都是非语言技巧,它不仅包括人们的表情与首饰,而且包括人们的服饰等。与语言技巧一样,非语言技巧也是能体现不同民族文化差异的一个方面。相比于语言技巧,非语言技巧更加具有真实性特征。在具体的交际场合中,人们在表达时总是习惯地运用一些比较委婉的方式,甚至还会自觉地在表达中隐藏一些信息,即使他们在自己的语言行为中做了这些,但人们依然可以通过他们的非言语技巧将其隐藏的信息揭露出来。每个国家具有的非语言技巧都是不一样的,这主要与其不同的文化有关,因此,在进行文化交际之前,必须要掌握更加全面的交际技巧,尤其是要掌握非语言交际技巧。例如,在初次见面时,欧美人与日本人所表现出来的非语言技巧是不同的,前者表现为握手,后者表现为鞠躬。因此,在日语教学中,教师要有意识地将一些日本人的风俗习惯、建筑、音乐等文化引入课堂中,进而使学生能够边学习日语边获取许多日本文化知识。

此外,本书还需要指出的是,非语言技巧并不是孤立存在的,它与语言技巧是相互联系的,是可以彼此发挥重要作用的。在具体的学习过程中,学生应该结合语言技巧进而加强非语言技巧的学习,从而使学生可以将学习到的技巧灵活地运用在不同的交际场景中。因此,在日语教学中,教师不能忽视学生非语言技巧的培养,甚至应该想尽一切办法去培养学生的跨文化交际意识。

(2)了解日本人的思维模式

每个国家的人都有着自己的民族性格,在民族性格的形成与发展过程中也形成了不同的思维方式,看待问题的角度也具有差异。日本历史上就受到中同文化的长期影响,它也是汉文化的一分子,这可以从日本文字上看出来。不过,日本在吸收中国文化的基础上,结合自身的实际情况形成了具有自己特色的文化,正是因为特色文化的形成,才使日本人形成了特定的思维模式。日本人在语言表达中更加重视委婉的表达方式,在与他人相处时也更加遵守等级制度。因此,在日语教学中,教师应该让学生了解日本人在交际时的礼貌,了解日本人的思维模式,了解日本人的情绪,了解日本人表达不同行为时的不同意思,从而能在具体的交际中使用正确的语言与表达方式。

4.拓展语言交际环境,增强跨文化交流意识

学生日语运用能力的提高手段之一就是提高资源的利用率,当资源的利用率提高了,学生就能掌握更多的日语知识,从而使其可以将知识灵活地运用在日语跨文化交际中。学校可以与其他学校或企业通过合作的方式,让学生获得更多运用日语的机会,从而使其日语听力与口语能力得到提高,使其在与他人交流的过程中形成跨文化意识。这对学生日语学习的长远性发展来说是至关重要的。此外,学校还可以多提供给学生一些留学的项目,让学生可以有机会到日本留学,这样,学生就能直接参与到日语环境中,直接学习到正确的日语发音,更是能直观感知日本的文化。

第三节　跨文化视角下的日语教学实践分析

一、跨文化视域下日语口语教学实践

(一)日语口语教学的实践模式

日语口语课堂教学的实施可从以下四个阶段进行。

1. 第一阶段：课前热身

学生通过课程的学习，能够听懂日语对话中谈论的内容，了解相关时间、日期等的用法和读法，并可运用所学知识进行口头表述。

2. 第二阶段：介绍阶段

教师首先用一首日文歌曲为学生带来轻松的学习氛围，同时引出话题，然后通过歌曲所给的信息让学生复习一些熟悉的日本文化，同时再现和复习课程内容。

3. 第三阶段：练习阶段

教师通过图片展示引起学生的兴趣，以便引出日本独特的文化，教师可根据听力的难度变换题型，帮助学生有效地听取重要信息。

4. 第四阶段：运用阶段

学生通过听录音获取重要信息，并为下个环节做准备。教师通过让学生模仿朗读，重点关注学生的语音和语调。

(二)日语口语教学的实施与汇报任务

1. 分组讨论

指导学生进行分组讨论，每组分为正反两方，举例说明不同的观点并总结陈词，在组内进行汇报。

2. 组织对话

在讨论的基础上，每组同学组织一个辩论式的对话，尽可能多地使用给出的有用短语、句型和比较级语法结构,并让两到三组同学进行当堂表演,在班内进行汇报。

(三)日语口语教学的评价任务

首先,教师要对学生已经形成的观点进行适当评价,同时还应该对学生的表现做出合理的评价,要对小组成果进行评价,指出个人、小组在日语口语学习中的优势与劣势。

其次,教师应该根据学生实际的学习情况布置课后作业,让学生运用自己在课堂上的所学进行短文写作。

小组合作是一种学习日语的好方法,在进行小组合作的过程中,学生可以获得更大的日语运用空间,他们可以彼此用日语交流,在这一过程中,学生的学习兴趣被激发的同时,学生的学习质量与效率也能有所保证。

二、跨文化视域下日语词汇教学实践

(一)日语词汇教学的内容

词汇教学的内容是十分丰富的,学生不仅要了解词性、词义等内容,而且还要了解词汇的具体用法等内容。具体来说,本书认为,日语词汇教学应该包括以下四个方面的内容。

1. 词汇的意义

由于母语与日语之间存在一定差异,所以从语义角度上来讲,一些词汇的含义就其内涵、外延而言在两种语言中不尽相同。词汇教学的第一任务就是让学生明白所学单词的含义。一个单词的含义在很多情况下是受上下文制约的。在教学中,教师应通过各种手段和方法帮助学生了解语意和情景之间的关系。一些单词的语义差别对非本族人来说总是很困惑的,分清这些概念同样是词汇教学的任务之一。

2. 词汇的用法

词汇的用法主要包括比喻与习语、固定搭配、风格与语体等。就语域而言，词汇有正式与非正式、褒义与贬义、抽象与具体之分。一般来说，词汇的基本信息，即词汇的音、形和义的学习主要依靠记忆，但词汇用法学习则需要大量的实践。

3. 词汇的相关信息

词汇基本信息包括词性、词缀、词的拼写和发音等。这是词汇的最基本信息，也是学生应该掌握的最基本内容。

4. 词汇的语法

不同的单词有着不同的语法特点，且在不同语境下，词的拼写形式也会相应地发生变化。

(二)日语词汇教学的策略

1. 词汇展示策略

由于词汇是读音、形态和含义的结合体，所以在词汇展示阶段的教学时教师就不能只展示词汇的形态，还应注重对词汇读音和含义的教授。

词汇展示应该具有直观性和趣味性的特点。直观性可以通过具体实物、图片、动作等来展现。趣味性则是要将枯燥的词汇教学以生动有趣的方式展现，使学生对所展现的词汇有学习了解的兴趣。词汇展示不能忽视词汇读音和含义的渗透，教师不能只顾其中一方面而忽视另一方面。词汇展示策略包括表情展示、实物展示、动作展示、多媒体展示等策略。

2. 词汇训练策略

词汇训练策略是词汇教学中的重要内容之一，教师应根据具体的单词特点向学生介绍相应的策略。一般来说，促进学习的训练策略有构词记忆、联想记忆和最佳时间记忆。

单词往往有着自身的内在结构与联系,而且日语还是一种黏着语,正是因为这两点,学生在记忆词汇时就可以运用构词法。记忆词汇还可以使用联想法,因为词汇并非独立存在,它可以与其他词汇组成词组,可以融于其他句子中。联想的手法能在很大程度上提高学生记忆词汇的效率。记忆并不是随意地组合不同的词汇,词汇之间要保持足够的联系才可以。同时,联想记忆法不仅能帮助学生记忆新词汇,而且还能帮助其将旧词汇与新词汇联系起来,从而形成新旧知识的统一认知与分析。总而言之,学生在记忆词汇时不能随意地进行,而是应该遵循科学的记忆规律,灵活地记忆,死记硬背是日语学习的大忌。

3. 词汇运用策略

词汇学习包括不同的环节,词汇运用是比较重要的一个环节,如果学生无法记忆词汇,那么,就无法使原本的词汇知识得到巩固,这样,对其以后的词汇新知识的学习也是不利的。因此,在具体的词汇教学中,教师应该根据学生的具体情况设置各种不同的教学策略,以保证学生词汇学习的质量。

(1)词汇游戏

词汇学习重在激发学生的学习兴趣,因此,在词汇教学中教师可以灵活地使用游戏教学策略。本书认为,教师最好可以在日语课堂上组织竞争类游戏,让学生在做游戏获得日语词汇知识的同时也能培养自己的良性竞争精神。

教师还可以组织学生制作词汇卡片,用不同的颜色书写词汇,然后让其他同学来描述这一词汇,看哪一组能最快猜出词汇。但是在描述时,学生不可以出现动作和明显的声音模仿性的提示。类似这样的游戏既可以锻炼学生的语言表达能力,又可以从侧面反映出学生对词汇的掌握能力。

(2)看图描述

运用图片来描述词汇,可以让学生在学习词汇知识的同时也能提升自己的语言组织与口语表达能力。词汇学习涉及两大环节，一个是输入，另一个是输出，前者是基础与前提。而看图描述是一种能实现学生词汇知识输入与输出目标的重要手段。理解图片是一种输入，而用语言对图片进行描述则是一种输出。

(3) 找对应项

这里的找对应项通俗理解起来就是对词汇进行必要的对应分组。教师可以将所有的词汇都罗列出来，然后让学生根据词性或者其他的标准去划分词汇，这样学生就能得到近义词或反义词，也有助于其理解一些意思相近或相反的词汇。

三、跨文化视域下日语教学的主要方法

(一) 情境式日语教学法

1. 情境式日语教学法的定义

教师在教学过程中为学生创设生动的、具有明显情绪色彩的情境，以使学生可以能够获得更多的实践体验，从而不断激发日语学习的兴趣，这就是情境式日语教学。与传统的教学方法相比，情境式日语教学融合了语言、行为和情感，激发了学生的情感和兴趣。

2. 情境式日语教学法的原则

(1) 实用性原则

情境式日语教学应遵循实用性原则。在日语教学系统中，适合的情境是对学习有促进作用的重要因素。根据教材内容，教师设计出符合学生日常认知、真实、实用的情境。换句话说，教师所设计的情境需要和学生自身的经验相一致，设计出和日常生活实践有连贯性、有意义、有目的互动，并且是可能在现实生活中出现的情境。情境的设置要真实自然，同时使用适当的实物、教具、图片、音乐、视频等手段，营造真实的氛围，通过语境来感染和暗示，让学生进入学习的主题，激发他们自然而然地使用某种适当的语言形式。通过创设

真实而有意义的情境,不但能够激发学生的学习兴趣,培养他们自主学习的能力,还能提高他们的语言综合运用能力。

(2)创造性原则

情境式日语教学应遵循创造性原则。在日语教学中,教师要根据教材内容为学生创设积极的教学情境,从而使学生掌握的各种日语基础知识可以在情境中得到运用与验证,这样,学生从教材上获得的各种相对"死"的知识就会变得更加生动。从本质上来看,教师为学生创设情境,主要目的并不是帮助学生机械地记忆语言知识,而是帮助他们灵活地运用语言知识。教师在向学生传授新知识的同时还应该注意引导学生对旧知识进行巩固,也就是说,教师要教授学生会将新知识与旧知识结合起来,同时为学生挖掘更加多样的日语材料,使其能利用多样的日语材料实现新旧知识的整合。这样,他们就能完成自然的交际。这种自然的交际活动是一个积极主动、创设性的语言应用过程,而不是靠一味地模仿或者重复进而养成习惯的过程。

(3)交际性原则

情境式日语教学应遵循交际性原则。交际功能是外语的本质功能。交际功能指的是在真实的情境中灵活运用外语对信息进行吸收和传递的交际活动。交际活动包括四种形式,就是我们通常所说的听、说、读、写,这四种交际形式各有自身优势,能促进人们在不同语境中的交际。本书需要指出的是,所有的交际活动都离不开情境,不同的情境能为学生提供不同的语言体验,而且他们在言语情境中可以最大限度地激发自己的积极性,从而使自身潜能被真正挖掘出来,日语应用能力也能有所提高。而当学生的学习积极性被提高之后,他们就会明白自己才是学习的主人,进而在学习活动中不断地加强思考,努力地去找寻自己在日语学习中存在的问题,从而在解决问题的过程中不断掌握更多的知识,提升自己的知识技能。

3. 情境式日语教学法的情境类型

在情境式日语教学中,主要有模糊情境、音乐情境、体态情境、生活情境、游戏情境、文化情境这六种情境类型。

模糊情境指的是画一些简笔画,让学生来猜测日语使用的情境,并用以前所学的日语进行表达。

音乐情境指的是通过放音乐让学生学习日语。日语歌曲不但可以渲染和烘托教学气氛,还可以对学生的情绪起到稳定的作用,使课堂气氛得到适当的调整。放音乐可以比较容易地将学生引入特定的情境中。例如,教师在讲解日语语音的时候,可以采取听日语歌曲,使用填写歌词的方式帮助学生积极地记忆假名。

运用不同的动作来模拟情境就是体态情境。情境中的各种动作都是有用的,能帮助学生记住各种句型与对话,而且需要指出的是,情境中的动作是需要靠教学语言内容而决定的。因此,教师在教学中一定要谨慎地选择一些能表达语言意义的动作,这些动作同时应该是有着一定的语言节奏的。当教师找到合适的情境动作时,学生就能有效地理解他们所学的内容。学生可以一边听教师说,一边做动作。

语言来自生活,只有贴近生活,学生才能够学好日语。因此,在日语教学中,教师需要把课堂变成一个浓缩的社会,将飞禽家畜、花草树木、亭台楼阁"请到"课堂上,让学生看到、感受到生活中的一切,在真实的情境中感受知觉、记忆、思维,从而完成对日语的学习。

利用游戏打造的教学内容情境就是游戏情境。大多数的学生在学习之余的放松方式就是游戏,他们在游戏中能放松身心。因此,教师可以将日语教学内容置于游戏之中,从而使学生在玩游戏的过程中就能完成对日语的学习,而且因为游戏环境是轻松的、自由的,学生的学习效率也就能有所保证。可以说,教师可以在日语教学活动中根据具体的教学内容为学生设置合适的游戏。日语游戏教学也是一种双向的教学活动,教师与学生都应该积极参与其中。不过,二者在其中发挥的作用是不同的,教师发挥的是主导作用,需要引导学生积极参与游戏,学生发挥的是主体作用,需要激发自身的学习热情,不断提高自己的学习质量。例如,教师在讲解"能,可以"这个句型的时候,就可以说一些句子,让学生来猜是什么意思。

语言都是在文化土壤中孕育的,因此,对任何一种语言来说,它都有着自己独特的文化内涵。因此,在日语教学中,教师可以有意识地为学生创设一些日本文化情境,结合教材知识让学生在情境中了解日本的文化背景与风俗习惯,从而使他们的文化视野得以开阔,还使他们不断提高自己的文化认知水平,对日本文化有更加全面而深入的了解,而这又能促进学生的日语学习与应用水平的提高。例如,在讲解到日本的节日时,可以向学生介绍一下日本不同节日的由来、日本人怎样过节等。这样,学生在学习日语知识的同时,就能对日本的风土人情、民俗习惯等有更加准确的认知。无论是教师,还是学生,都应该明白的是,语言不可能脱离文化而存在,要构建语言情境、构建文化情境也是情理之中的。

4.情境式日语教学法的优势

在教学过程中,情境式教学通过视听效果引入或者创建情境,从而形成一种情感、情境、情绪三者相互结合的教学方法。情境式教学有以下四个优势:

①在情境式教学的过程中,注重情感的输入,提升教学内容的效果。

②情境式教学将以多媒体教学手段融入进来,适应时代发展的需要。

③情境式教学能够激发学生的自主力,产生学习兴趣。

④情境式教学不再局限于课本内容,还可以采用生活情境回归现实的方法,增强了学生的日语实践能力。

5.情境式日语教学法的实施步骤

(1)以情境表演形式优化日语课堂

教师在对情境进行设计的时候,除遵循情境设计的原则外,还要注意所设计的情境能否和语言的形式和意义有机地结合起来。教师借助日语课堂上设计的情境帮助学生重新组合学习到的语言知识，通过模拟交际或者真实交际，培养学生在生活场景中运用语言的综合能力。与此同时，教师要充分地认识到情境并不是教学目的，而是实现教学目标的一种手段。设计的情境一定要以教材为基础。

在课堂教学中应该积极利用各种教学条件，创设出具有现实意义、生活化的日语交际情境，提高学生的课堂参与性，将所学的语法和句型知识应用到语言综合交际中。例如，日语里有很多的固定搭配。教师可以通过做一些动作来引出这些固定搭配，如喝水、吃饭、吃药。同时，教师可以将学生分成若干个学习小组，让每一组派出一名学生表演，其他组的学生以抢答的形式用日语说出这名学生所做的动作。通过情境表演和教师精讲，学生可以很轻松地掌握这些固定搭配，顺利地完成教学目标。

(2) 以情境教学形式激发学生兴趣

地球上的每个地方都被互联网紧紧地连在了一起，这正好为日语教学提供了丰富的教学资源。日语教师可以充分地利用这一便利的条件，不断提高日语课堂的趣味性，创造生动活泼的语言学习氛围，激发学生的学习动机。教师选出一些与学生所学内容相关的音频和视频，如日语歌曲，日本电影、动漫。在学生欣赏这些音频和视频的时候，针对其中的歌词和台词，让学生试着归纳和总结出一些词汇知识和语法现象。对那些经过重新填词被翻唱的日本歌曲，学生早已熟悉它们的旋律，可以鼓励学生模仿原唱的语音语调进行哼唱，甚至可以举行一个日语歌曲模仿大赛，激发学生学习日语的兴趣。在课下，教师也要鼓励学生多看日语节目、日本电影，把自己听到和看到的内容应用到实际生活中，试着用日语进行交流。

在课堂教学中，教师可以创造一些互动活动。采用类似节目主持的形式，把教学环节拆分成若干个栏目，并围绕教学主题展开，且各个环节紧密相连，相映成趣，使课堂教学更加生动、更加有趣。例如，在教学中采用游戏的方式，帮助学生记忆单词。组织学生玩词语接龙的游戏。前一个学生说出一个单词,后面的学生要接着前面那个学生所说的单词的最后一个假名说出一个新单词,接不上就算输。特别是在学生学习五十音图的时候,从而使学生学习日语单词的兴趣大大提升。

在日语教学中,教材中总会出现一些比较晦涩的句子,离学生的实际生活比较远,学生理解起来很困难。为了能够贴近学生的生活和口味,教师应把一些最近比较流行的表达方式介绍给学生,让他们可以以非常轻松的心态来体会现代日本年轻人的时尚生活和情境语感,并能构思和运用现在日本年轻人最常用的那些口头语。此外,很多"00后"的大学生都喜欢日本动漫,教师要正确地引导学生的这些兴趣爱好,从某个兴趣点切入,将学生对动漫的兴趣转化为对日语这门语言的兴趣,使他们从内心渴望学习日语。可见,教师可以通过调动学生的情绪来完成认知的过程。情境式教学是一种非常生动的教学方法,教师借助各种案例为学生打造多样的情境,从而使枯燥的语言知识变得更加生动有趣,能让学生在不同的情境中体验语言的灵活性。因此,在课堂教学中,教师要充分利用实物、图画、动作、语言来创设真实的语言情境。除采用听、说、读、写等多样化的教学方法来创设生动、形象的社会语言情境以外,教师还可以通过营造生动活泼、轻松愉快的课堂氛围吸引学生的注意力,激发他们的学习兴趣,提高他们的语言交际能力。

(二)任务型日语教学法

1.任务型日语教学法的定义

任务型日语教学法是以学生心理需求为核心的一种教学方法,认为教学是满足个人发展需要的一个过程,在学习目标上突显教学的情感价值,促使学生达到认知、学习目标和情感等方面的均衡。

2.任务型日语教学法的原则

(1)扶助性原则

扶助性原则指的是在制定任务前帮助学习者铺路搭桥的工作,

它与教师的课堂角色和作用有关,也包括倡导小组活动、合作学习等教学活动方式。"扶助"由两个方面的内容组成:一方面是认知需求,另一方面是情感状态。

(2)任务相依性原则

任务相依性原则指的是如同一个故事一样,教学过程中的学习任务必须前后呼应。

(3)循环性原则

循环性原则指的是只有在一段时间内不断地重复出现,学习者才能掌握语言,因此教师要为学生创设能够接触不同形式的目标语的各种情景。

(4)主动学习原则

主动学习原则指的是学习者积极主动地运用所积累的语言,以提高自己的语言应用水平,从而取得最佳的语言学习效果。

(5)整合性学习原则

整合性学习原则指的是学习者注重语言形式、语言意义、交际功能这三者的融合,因此教师在教学中一定要让学生意识到语言是一个整体。

(6)由模仿到创造的原则

由模仿到创造的原则指的是任务的设计对学习者从模仿语言的阶段过渡到创造性地使用语言的阶段具有促进作用。学习者如果只是一味地模仿语言是无法学会语言的,他们只有在不同的环境下使用学习到的语言才能够最终学会语言。

(7)反思性原则

反思性原则指的是教师应该引导学生反思所学的内容和任务执行中所做的内容,以便学生更好地掌握语言。反思性原则是任务型语言教学中的一个重要的原则。

(8) 形式与意义的结合原则

形式与意义的结合原则指的是在日语教学中,教师应该将日语的形式与意义两方面的内容整合起来,在设计教学任务时也应该将形式与意义整合起来。

(9) 真实性原则

教师要为学生准备真实的语言材料,为其构建真实的语境,同时在进行教学任务设计时,还应该注意任务的内容要贴合学生生活的实际。

(10) "在做中学"原则

"在做中学"原则指的是将语言学习看作是"做中学"的过程:通过有意义地使用语言,学生可以发展自身的语言系统,教师要将课堂上的大部分时间用在学生的语言运用上,让他们通过亲身实践来掌握语言。

(11) 互动性原则

日语教学也应该是一种互动性的教学活动,不仅包括教师与学生的互动,也包括学生与学生的互动,在不断地互动中,日语教学的质量能有所保证,学生日语学习的质量也能有所保证。

3. 任务型日语教学法的优势

(1) 增强学习趣味性

教师在教学中使用特定任务进行语言教学,学生带着特定的任务在相关背景知识、场景指示中使用已知的语言进行沟通表达,学习任务得以顺利完成。任务型教学能使学生学以致用,使他们明确学习方向,激发他们的学习积极性,同时将语言学习的真实性和及时性凸显了出来。借助任务型日语教学法,教师将使教学目标、内容变得更加明确,更为重要的是,学生在接受教学的过程中,其思维能力也能获得培养,从而使日语词汇、语法与句型的使用变得更加合理。

(2) 提高教学目的性

任务型教学方法会帮助教师在课前为学生设置课前预习任务,

同时还能在课堂中帮助学生答疑解惑。这样,学生学习的知识将会更加的完善,同时其学习效率也会有明显的提高。从课前预习部分来看,学生主要学习的内容是一些日语基础知识,包括词汇、语法与句型等知识,这些知识的学习有利于其养成自主学习的习惯,能帮助其不断地改善自己的学习计划。在前期的不懈努力下,学生掌握扎实的日语基础知识,同时也能提高自己的自主学习能力,而当知识与能力同时具备之后,其就能不断分析自身的学习活动,优化自己的学习方法,进而不断提升自己的学习质量。可见,任务型教学其实已经确立了它的一个重要目的,那就是要不断培养并提高学生的自主学习能力。

(3)提高语言综合运用能力

对语言学习来说,虽然有的学生已经掌握了大量词汇和语法知识,有很强的应试能力,但是当他们进入真实的语言环境中便出现了很多问题,例如词汇使用不合理、语言转化慢、对话回应滞后等。这正是日语教学中越来越多地应用任务型教学进行授课的一个原因,以期更好地解决现有日语学习中出现的一些问题。

4. 任务型日语教学法的实施步骤

(1)课前任务

教师可在课前向学生布置一些学习任务,这些任务涉及词汇、语法、句型等不同的方面,学生完成这些任务的过程就是其进行自主学习的过程。现在的大学生是伴随着互联网成长起来的一代,借助互联网平台,他们开阔了自己的视野,对各种问题往往有着自己的想法。他们解决问题的方法是多种多样的,当他们遇到问题时,他们可以向教师、同学请教,同时能利用互联网平台寻求答案。正是因为现代大学生已经具备了这种自我探索的能力,教师才能在日语课堂上顺利地实施任务型教学法。

本书通过具体的示例对日语任务型教学进行阐述。例如,教师可为学生确立一个任务目标:学生需要用日语详细介绍中日家庭的异同。具体来说，教师可以在课堂上随机选取一名学生，给他五分钟的时间去阐述中日家庭之间的差异与共性。这里需要指出的是，教师随机选取学生是非常重要的，它能让每一个学生都具有危机意识，都自觉地做好准备，进而使其学习积极性能得到有效激发。在课前任务阶段，学生的学习任务还是相当繁重的，他们需要花费大量的时间与精力去钻研各种词汇、语法与句型等知识。当然，不可避免的是，学生在课前任务阶段可能会遇到一些没有学过的语法，这可能会导致其无法将文章真正的意思梳理明白。这时教师的作用就凸显出来了，教师要仔细分析学生的课前预习反馈，了解学生在日语课前任务阶段存在的语法知识疑惑点，进而了解自己应该着重讲解哪些语法知识。

(2)课中任务

完成了课前任务的学生，一般已经掌握了一些日语知识要点，这时教师就需要继续为学生发布课中任务。具体来说，可以为学生创设一定的任务情境，让学生在情境中完成任务。例如，教师可以让学生准备自己家人的照片，然后让学生与其他人组队，他们之间可以用日语互相介绍自己的家庭，从而使学生的日语口语与听力能力得到一定程度的提升。这类存在于课中的会话练习是十分有必要的，那些在前期任务完成度高，基础知识掌握扎实的学生往往能更好地完成课中任务。

(3)发布任务

在完成课前与课中任务之中，学生一般情况下是能掌握课本知识的，之后教师要继续发布任务，让学生利用自己已经学到的知识对某一类话题进行详细的描述，例如，可以让学生描述《我的家庭》这一话题。让学生利用自己已经学到的日语知识描述自己的家庭情况，教师可以从学生的描述与表达中看到学生的学习情况，进而可以对学生学习不足的地方加以改进，对学生学习不错的地方予以肯定。

(三)基于互联网的日语教学法

1.慕课日语教学法

(1)慕课日语教学法的内涵

慕课(Massive Open Online Courses,MOOC)就是我们所说的"大规模在线开放课程",这一课程形式源自美国,在美国获得了一定的发展之后又开始在世界范围内传播。慕课是一个人们可以分享知识的平台,人们可以将一些优质的课程放在慕课平台上,只要是注册了平台的用户都可以自由地从平台上下载资源。慕课日语教学法就是一种借助慕课平台开展日语教学的方法,人们利用互联网拓展了日语教学的渠道,同时也让更多的人有了更多学习日语的机会。慕课日语教学法与传统课堂教学法有着显著的差异,它依托的是互联网平台,教师利用互联网平台可以将日语教学资源传递给每一位平台用户,从而将教学活动延伸到线上。

通常来说,慕课日语教学方法主要包括以下四点内容。

①有教学视频的支持,通常来说,教学视频的长度维持在6—10分钟。

②有着完善的在线考核体系,不仅能让学习者在慕课平台上完成过程考核,而且能让学习者完成个性考核。

③有着不少具有明显开放性特征的话题,这些话题能满足不同学习者的需求,从而使其能不断激发自己的学习兴趣。

④有着其他的一些辅助资源,这里的辅助资源主要有PPT、模拟试题等。

(2)慕课日语教学法的分类

1)基于任务的慕课日语教学法

这一种教学法的主要目的就是让学生通过完成不同的任务来掌握多样的知识与技能。学生在学习方面不能急于求成,而是应该循序渐进地进行,要根据自身的学习特点找到一条适合自己的学习道路,寻找到一种适合自己的学习方法。学生可以学习各种日语文本材料,然后观看一些日语视频,并将从文本与视频中学习到的知识上传到慕课平台,从而使更多的人学习到已经总结好的日语知识。学生从文本材料与视频中学习日语其实就是完成日语学习的任务,而其将自己总结的学习经验上传到慕课平台,则是让更多的人完成日语学习任务。

2)基于内容的慕课日语教学法

这是一种要求学生掌握日语学习内容的教学方法,一般来说,教师会对学生的日语学习结果进行评价,他们所使用的评价方式也是多种多样的,不仅使用总结性评价方式,而且使用形成性评价方式。教师具体会使用哪一种评价方式,还应该根据学生的学习内容来确定。这一教学方法还鼓励学生建立学习社区一起学习,在学习社区中一般都会聚集许多名校的优质教学视频,通过观看这些视频并参与社区内部的问题讨论,学生的知识视野将会开阔,同时其思考能力也能有所提高。

两种教学方法都有自己的特性,但也存在一定的共性,其所展现出来的共性特征主要包括以下几点:

①所有的慕课课程的设计与组织都不可能脱离网络而存在。

②慕课课程设计需要涉及多方面的内容,不仅涉及课程资源、视频,而且涉及学习社区等。

③慕课视频的时长是相对比较固定的,一般维持在8—15分钟。

④学生有着更大的自主权,他们可根据自己的喜好与自身学习的实际情况选择慕课课程。

⑤慕课课程所面对的对象是全体学生,而每一位学生都有着自己的个性、学习习惯与学习能力,因此,学生通过学习慕课课程需要达成的目标也是多样的。

⑥慕课课程并不是封闭的,它面向所有人,是向所有人开放的,其他人也可以对相关课程进行必要的补充。

(3)慕课日语教学法的实施步骤

1)多样化的课程设置

慕课教学法是一种新颖的日语教学法,它突破了传统日语教学的局限性,让日语教学的质量有所提高。过去,优质的日语教师资源非常有限,同时这些教师的课堂讲解相对比较呆板,只会根据教学大纲、围绕教材进行日语教学,很显然,这种教学方法是一种单一的教学方法,没有个性可言。不少高校设置的课程多集中于一般性的语音、词汇、听说读写等课程,并没有拓展日语课程体系的范围,即使设置了一些与日语有关的选修课,也并不表明高校已经作出了改变,其实这些选修课也不过是为了应对学生需要的考试。慕课日语教学法旨在优化日语课程,保证课程设置的多样性,同时最大限度地满足不同学生的需求,这就让日语教学质量与效率都有所提高。

2)多样化的教学方式

在教学改革浪潮的推进下,日语教学改革也在不断地推进中,但仍有一些日语教师不想做出改变,依然使用传统的知识讲授的模式。当然,也有一些教师试图做出改变,比如开始在日语课堂上使用多媒体,这的确在一定程度上让日语教学变得生动、活泼,但却无法从整体上促进日语信息化教学改革目标的实现。慕课教学方法是一种不死板、灵活的教学方法,学生利用慕课平台、慕课课程可以轻松地获取各种各样的日语知识,同时,学生的学习也不再受时空的限制,即使学生不在学校,其也能通过慕课平台学习。他们利用自己的手机、iPad能完成随时随地的学习,更是能不断提升学习的效率。

3)多样化的考核方式

在当前网络技术飞速发展的背景下,日语慕课教学考核方式也变得越来越多样化。传统教学考核方式仅仅依靠笔试与口试,所有的学生的标准都是一样的,无法将学生的真实水平彰显出来。但慕课日语教学考核方式更加具有个性化的特征,能根据不同学生的学习情况对其进行针对性评价,从而使每一位学生都能了解自己在日语学习中的优势与劣势,从而不断地激发自己学习日语的积极性。

2.微课日语教学法

(1)微课日语教学法的含义

微课也是一种基于信息技术发展而来的一种教学方法,教师借助微视频向学生传递日语知识,学生则可以随时随地观看微视频。

(2)微课日语教学法的分类

1)非常4+1微课资源结构模式

这是一种当前教育部比较推崇的教学方法。这里的"1"就是指微视频,它是微课日语教学法实施的关键资源,其他的四种资源都是围绕着它进行设计与构建的。"4"指的是与微视频相关的其他的四种要素,分别为微练习、微课件、微教案和微反思。从这里可以看出,非常4+1微课资源结构模式有着清晰的层次、稳定的要素,能在教学中发挥积极的作用。

2)可汗学院微课教学模式

这是一种诞生于美国的教学方法,它虽然有着应用范围广的优势,但建设成本高,因而有些学校会选择性地应用。在这一教学模式中,无论是教学设计者,还是教师与学生,他们之间都是紧密联系的,是可以彼此相互影响、相互作用的。可汗学院的主要工作就是进行教学设计工作,合作院校的教师则可以充分利用微视频、微练习等资源,从而实现教学质量的提高。这一教学模式尽管有其优势,但是其劣势还是比较明显的,主要集中于以下几点:

①从可汗学院本身来看,它并不具备翻转课堂教学模式。

②可汗学院与学校之间是不同的,它们之间相互独立。

③可汗学院是与学校教育相区别的一种在线教育。

④可汗教育将教育的重点放在了知识的传授上。

⑤可汗学院能达成的教学目标比较有限,无法达成人才综合培养的目标。

⑥可汗学院无法真正培养学生的综合能力。

(3) 微课日语教学法的实施步骤

1) 微课学习平台构建

日语微课教学模式是在微视频的基础上形成的,它包括许多不同的模块,不仅包括互动答疑模块,而且包括微练习等模块。每个模块都能发挥自身的作用,有些模块能极大地提升学生的学习兴趣,有些模块则可以帮助教师提升信息化应用的能力。微课学习平台是一个创新平台,微课教学模式在这一平台上得到了很好的展现,它足够灵活,学生可以在上面获得更多的知识。

2) 微课录制技术提升

要实施微课教学模式,需要教师掌握一定的录制技术,最好能做到录制流程的简化,从而降低微视频的录制时间成本,使微视频的制作能变得更加容易。因为微课录制技术对于微课教学模式的实施有着重要的影响,因此,教师还必须要不断提升自己的录制技术,在业余时间里多学习录制技术,从而使制作的微视频质量更佳。

3) 资源开发与共享

目前的日语教学资源出现了发展不平衡的情况,而微课教学模式能让教师与学生可以接触更多优质的资源,同时,他们所总结的优秀的教学资源也能被分享给其他人。

四、日语教学评价体系的构建

(一) 日语教学评价体系的基本内涵

日语教学评价体系是一种对教学过程、结果进行价值判断的系统。这一评价体系不仅会对教师的"教"进行评价,而且都会对学生的"学"进行评价。该体系包括两个比较核心的部分,一个是对教师教学工作的评价,另一个则是对学生学习活动的评价。通过合理的评价,能确定教师教学效果与学生学习效果的优劣。

(二)日语教学评价体系的功能

1. 导向功能

日语教学评价体系构建有其基础,这里的基础指的就是教育方针、课程计划规定的人才培养目标,教学大纲规定的教学目的、任务等。要对教师的日语教学与学生的日语学习活动进行合理评价,并制定出科学的评价标准,依据这些评价标准就能确定教师的教学活动是否达到了预期的效果,学生的学习活动是否达到了预期的效果。同时,对评价的结果进行全面的分析,还能使教师知道自己在教学中的不足,让学生了解自己在学习中的不足。

2. 反馈功能

在日语教学评价结果的辅助下,教师能对自己的教学过程有清晰的了解,同时学生也能从整体上把握自己的学习情况。更为重要的是,师生双方都可以将自己的各类消息反馈给对方,这就是日语教学评价体系反馈功能的体现。其实,信息工程学早就已经表明,信息反馈是能帮助人们调节自己的行为、能促成人们目标的达成的。当教师获得学生对自己教学的反馈信息时,就能对自己的日常教学工作进行必要的梳理,从而不断地改进教学中的不足,完善教学内容与方法。学生获得教师的反馈之后就能对自己某段时间以来的学习情况有准确的把握,这样就能对自我的学习目标进行合理的调整,而且当有些学生看到自己的日语学习效果不佳时,也会自觉地激发自己的学习动机。

3. 强化功能

日语教学评价体系不仅能将教师工作的积极性激发出来,而且帮助学生了解自己在学习过程中的问题所在,从而自觉地使自己保持一种紧张的学习状态,时刻集中注意力去学习。合理的评价能激励教师,使他们能有信心去做好自己的本职工作,同时能更好地完成对日语教学内容与方法的优化,这样,日语教学的质量就能有所保证。合理的评价也能激励学生,让学生了解自己的优势与不足,从而扩大优势,弥补自己的不足,最重要的是能激发学生的积极性,使其更加积极地参与各种学习活动。学生还能根据评价结果调整自己的学习计划,甚至转变学习方法,形成更加良好的学习习惯。

(三)日语教学评价体系的运行问题

现行的大学日语教学评价中还存在以下问题:

首先,教学评价形式单一。在我国,外语教学的主要评价形式就是试卷测试,日语也不例外。用试卷对学生进行检测,似乎是教师和学生的唯一的评价关系。教师很少引导学生进行自主评价,也较少和学生进行合作评价。

其次,在日语教学评价过程中,用终结性评价代替过程性评价的现象十分严重。学习有一个过程,对过程中的情况要用过程性手段进行评价,对学生的最后学习效果则应该要用终结性手段进行评价。

再次,教学评价心态存在问题。一是被动接受外部评价,二是盲目相信分数指标,没有分析性的评价和解释性的评价。

最后,能力评价和知识评价的关系处理存在较多问题。在现有的评价方式中,对知识目标容易进行评价,而能力目标难以进行评价。这样在实际教学评价中就容易重知识而轻能力。

(四)构建日语教学评价体系的路径探索

1. 确立科学的日语教学评价体系构建原则

要对传统的日语教学评价观念予以彻底改变,同时应该依据日语教学目标的要求,让教师与学生都可以对日语教学的现状有清晰的把握。教学评价的最终目的就是使教学质量得以提高。借助学生的反馈,使教师可以发现教学中的问题,并根据问题不断地做出改变,从而使教学内容、教学目标与教学方法等更加符合学生的需要。教学评价体系的参与者不应该仅仅包括评价者,本书认为,被评价者也应该参与进来,也就是说,要从不同的个体的视野中了解日语教学,这样才能保证日语教学评价的全面性与科学性,同时也能使被评价者在日语评价教学中发挥作用,使其找到自己的价值,进而也能在日语学习活动中更加积极。

要制订更加合理的日语教学评价计划与体系。本文必须要指出的是,学生日语的学习并不是一蹴而就的,是一项长期的持续性活动,需要学生的不懈努力。因此,日语教学的评价工作也不能仅仅着眼于学生的某一个学习环节,而是应该贯穿在学生学习活动的每一个环节中。评价者需要对学生每段时期内的日语学习进行评价,从而使学生的知识、技能与情感等都可以获得科学的评价。更为重要的是,评价者不能使用单一的评价方法,要在考虑评价有效性的基础上选择多样的评价方法,甚至还可以在总结过往评价经验的基础上探究新的评价方法。

同时要改变传统的评估方式,最好可以使用形成性评估方式,从而使高校日语教学评价体系变得更加科学。当然,评价者也可以使用终结性评价方法,不过,使用这一评价方式时应该明确重点,将考试的反驳作用看作重点,也就是说,不要只是依据学生的期末考试成绩来判断学生的日语学习水平,而是应该关注学生在不同学习阶段的考试成绩,要将其综合起来看。一直以来,终结性评价过于关注学生的学习成绩,并没有对学生学习的具体过程进行合理的评价,以至于教学的反驳作用都没有被彻底发挥出来。可见,评价者在对学生的日语学习进行评价时绝对不能使用单一的教学评价方法,而是应该结合形成性评价与过程性评价,甚至要不断探索新的评价方法,只有这样,学生的日语学习评价结果才是合理的。

要保证日语教学评价内容的多样性,不能将评价的重点仅仅放在学生的考试结果上,而是应该拓宽评价内容的范围,将学生的智力、学生之间的合作情况等都应该纳入评价内容体系中,这样,教师就能全方位把握学生的情况,进而采取一切有效的手段去提升学生的综合素质。

2. 建设全面的日语教学评价体系

学生是课堂教育评价体系的主要参与者，建设课堂教学评价体系需要充分考虑学生的主体地位。合理的体系建设过程要求老师不仅要教导学生日语专业方面的能力，也要培养学生对日语的兴趣，促使学生主动探索，养成认真务实的学习态度。

在日语教学中，对于教师的要求会更加严格。教师首先需要在教学体系上进行革新，以学生喜爱的方式教学，激发学生的主观能动性和积极性，尽量满足学生的好奇心和求知欲；教师教学过程中要关注学生的个体差异，了解学生间的日语水平差异，结合学生学习日语的特点因材施教，营造学习日语的氛围，鼓励学生多尝试开口，不畏惧出错。在学生学习道路上，教师要做一个领路者，帮助学生建立自己的学习体系，让学生总结自己的学习方式，培养学生的自主学习能力。从当前教育现状出发，需要实施新的教学模式，将教师的位置摆正，尊重学生的个性化发展和个体差异，根据学生个体学习特点，让他们自主选择适合自己的学习材料和方法，并适时加以引导，提高他们自主学习能力和自控能力。因此，在日语教学评价体系建设过程中，要真正以学生为出发点，让他们表达最真实的想法，并将其及时反馈给老师，这样教师才能在教学过程中不断进步，体系也能不断完善。

大多数高校的学生都已经跨入成年的门槛，对世事也有自己的评判标准，相信会给予教师相对公正的评判。学校需要对于教学评价体系的建设做出具体措施，比如可以根据本校的实际教学情况，制定科学合理的考核指标；及时向教师了解学生学习过程中的困难；向教师普及学生评价的重要性以及评价的标准和条例；在教学过程中，对教师与学生的互动情况做客观评估；考查学生的课堂表现，对教师的行为进行全面评价。在教学评价体系中，学生作为最直接的参与者和受众，是最有发言权的主体，与教师自评、专家评论、领导评论相比较，学生的评价应该是占比重最大的。且学生的评价也较客观科学，少有恶意评价的情况存在，也不被世事人情困扰、有失公允；学生群体也是比较庞大的群体，拥有数量众多的参考数值，在评价体系中可以保证最大限度的公平，是具有代表性的。在建设教学评价体系中，教师、学生、学校缺一不可。在教学评价体系建设中，充分考虑学生的构建思想，开发新的工作。在目前的日语教学评价体系中，从管理的角度制定规则所占比例偏大，一般都是由学校的教学管理人员制定，综合考量的比较少，缺乏对学生主体作用的考虑，使体系建构并不完整，教学效果也不理想。教学评价体系设计的合理与否与未来日语是否蓬勃发展息息相关，所以在设计体系时，要全面、充分、科学地考量。学校教学管理人员需要融合学生的意愿与教师的课堂教学实践，充分深入理解学生的具体评价意义所在，并认真了解教师教学实践内容，满足双方需求，将评价标准合理最大化。在设计大学日语课堂教学评价体系时，将学生的评价作为参考的关键点，从学生评价的内容中分析其对教师教学要求并及时反馈，让教师及时做出调整，争取满足学生需求，让他们对日语学习发挥最大的热情。

通过评价效果，进行评价体系的完善，比如教师的课堂教学方式、教学态度、教学内容的明确性、教学语言的生动性、教学效果、师生互动等，都可以进行完善。

3. 提高实际运用能力评价的重要性

对于学生的应用语言表达能力进行考核，提高实际运用能力评价的重要性。在日语的学习中，除了传统的读写能力，教学的重点还应该放在学生的实际运用能力上，重视学生听力和口语的能力，能让学生在日常生活中真正学有所成、学有所用，激发学生对日语实际运用的兴趣。各个大学应该积极行动，将大学学习的新模式与教学评价体系结合，开展与教育教学改革相关的各方面活动，积极推动课堂教学评价体系建设和完善。教学管理部门中的大部分管理人员关注的是教师的教学成果，比如教学评估的目的是否明确，教学内容的安排是否适当，教学内容是否有重点，教学过程中是否有难点突破，学生的成绩是否达标等,但却忽略了学生的感受,不注重培养学生的学习兴趣、学习态度、学习情感与学习策略,没有营造一个相对优秀的日语学习环境,导致学生对日语学习积极性不高。在形成真正良好的教育体系时,要注重学生实际运用能力的培养,让学生积极参与社会活动,可以将日语学习与现实运用相结合,让学生体会到学习日语的乐趣。

五、跨文化视域下日语教学评估

(一)学生评估

1. 学力评估

教学评估包括许多方面,其中对学生的学力评估就是一个比较重要的方面。学力评估所反映的是学生的综合能力,且最为重要的是,学力并不是静止的,它处于不断的动态变化中,当社会环境发生变化时,它也会发生相应的变化。在变化之外它还存在着明显的不变之处,主要表现为:第一,学力应该揭示学生掌握知识与技能的情况,从而使学生可以从整体上形成某种能力;第二,学力并不是学生天生就具备的,是学生接受教育的结果。

学力评估主要表现为对学生的学习情况进行必要的分析与整理,从而使之可以为教学提供大量的反馈信息,帮助教师更好地开展教学活动,提升教学质量。根据学生学力评估的结果,教师能从整体上把握自身的教学情况,进而了解自己在教学中存在的问题,并结合具体的问题进行有效的改进,从而帮助学生完成综合能力的培养。进行学力评估的方法是多种多样的,教师可以使用标准学力测验、智力测验的方法,也可以使用实验法、评定法等。此外,学力评估能促进教学活动的开展,同时能促进学生学习活动的开展,更可以对学生的元认知监控产生积极影响。

2. 学业评估

对学生的学习过程与结果进行的评估就是学业评估。一般来说,学业评估能发挥多样的功能,主要表现为补救、促进和协调功能。学业评估可采取的方法也是多样的,教师可以采用诊断性评估、安置性评估方法,也可以使用形成性评估与总结性评估方法。此外,在进行学业评估时,教师还需要使用不同的测量工具,根据实际的评估情况可使用诊断性测验、预备性测验等评估工具。

学业评估相对来说还是比较难的,因为它会涉及方方面面的问题,只要有一个环节出了问题,那么所谓的评估就不成型了。尤其是教师在进行具体的学业评估时,要特别重视把握评估理念,使用评估方法,从而能最大限度地排除评估过程中的障碍。

3. 品德与人格评估

对学生进行品德与人格评估也是非常重要的一个方面。学生学习知识就是为社会做贡献,当然,学习日语知识也是为社会做贡献的一个重要途径,学生学习结束之后就能加入促进中日文化交流或者经济交流的队伍中,从而让中日两国人民的友谊变得更加深厚。倘若学生的品德与人格不过关,那么,在与日本人的交流中,他们可能就会展现出不好的一面,进而影响交际的结果,甚至还会对中国人的形象产生消极影响。因此,日语教学评估体系必须要将对学生的品德与人格评估纳入其中。

在具体评估时,教师应该要从不同的方面对学生进行评估,要保持评估的客观性与全面性,不能片面地从学生的某一个方面就判定其品德与人格,这是非常危险的。

(二)教师评估

对教师的评估也是多方面的,主要包括四个方面的评估,分别为教学工作素质评估、教学能力素质评估、政治素质评估与可持续发展素质评估。这几种评估保证了教师素质的综合性,这样才能为学生打造一个更加和谐的日语课堂,才能帮助学生提高学习质量,才能保证日语教学有效性的实现。

第三章

日语教学与跨文化交际的融合

第一节 语言、交际与文化能力

一、文化的概念

文化根植于人们的内心、意识和思想之中,它对人们的交际方式、话语表达和行为实施有着直接影响。

文化是与自然对立的一种社会历史现象,与天成的自然相比,文化是通过人们的思维和行为创造出来的结果。确切地说,文化是指一个国家或民族的历史、地理、风土人情、传统习俗、生活方式、文学艺术、行为规范、思维方式、价值观念等的集合体。

(一)文化的组成

文化的组成很复杂,包括民族的个性、感知认识、时间和空间观念、思维方式、语言和非语言符号、价值观、行为规范、社会群体及其相互关系等。

(二)文化的分类

人类学家爱德华·迪·霍尔将文化分为"高环境文化"和"低环境文化"。

所谓"高环境文化"是指主要依赖于微妙的暗示,通常是非语言暗示,来维系社会和谐关系的文化环境。

"低环境文化"是指通过语言的方式尽可能直接表达人们的思想和情感的文化环境。

另外,人们根据社会的认可和评价原则,将文化分为"成就文化"(社会关注的是社会成员在物质层面的成就,如男性文化)和"扶持文化"(社会以社会成员对社会家庭关系的支持程度作为重要目标,如女性文化);社会以社会成员接受权势的不平等分配程度作为衡量标准的"权势文化"和"平等文化";社会以社会成员的群体意识作为衡量标准的"个性文化"和"群体文化"等。

文化是一个复杂的概念,包括世界上几乎所有的东西,大致有两个大的方面:物质的文化和精神的文化。但无论文化有多复杂,大体上都可以分为以各种物质形式呈现的物质文化和理论体系中的规制文化以及以行为观念呈现的精神文化。

二、语言与文化的关系

语言与文化联系密切。语言是人类脱离动物界的标志,没有语言就没有人类,没有依托于语言进行的抽象思维,就没有人类的进步和创造,更不会有文化

反之,有了人类有意识的创造就有了文化,任何语言都生存在一定文化的土壤之上,这就是语言与文化的共生关系。但语言和文化作为两个不同的实体,它们是怎样相互作用的呢?在这个问题上,学界已有的共识,可以概括为以下两个方面:第一,语言是文化的主体;第二,语言与文化相互影响。

三、语言、交际与文化能力认知

(一)语言与思维

语言反映并影响人们的世界观这一思想已得到很多语言学家和哲学家的论证。德裔美国文化人类学家弗兰兹·博厄斯在研究爱斯

基摩和印第安人文化时,对语言和文化的关系产生了极大的兴趣,在他的思想中,人们如果不直接接触相应的语言就不可能理解相应的文化,语言学研究是文化研究的基础。

弗兰兹·博厄斯根据自己对爱斯基摩和印第安人语言和文化的研究,提出了著名的文化相对论和语言相对论的观点。每个文化都是其社会生活发展的产物,满足该文化群体的生活和精神需要,因此人们不能用好坏的标准来加以评判。

同样,每一种语言都有其独特的划分世界、区别体验的词汇和方法。一方面,这种语言特点的形成是由其地理、历史、社会等客观因素决定的;另一方面,这个语言体系又反过来影响该语言群体的人们对世界的感知和理解。

不同语言反映不同的社会现实。语言相对论的思想其实在十八九世纪的欧洲已经有所论述了。德国语言学家洪堡特在1836年就撰文揭示语言对世界观的影响,在洪堡特的思想中,语言通过代代相传为人们提供思维范畴,成为人们理解世界的强有力的工具。他的思想影响了语言学家费尔迪南·德·索绪尔和哲学家卡西尔,从而促进了这两门学科的发展。

由此看来,语言相对论的思想是经过几代学者的共同努力得以发展和完善的。目前,对语言和思维及文化之间关系的一个共识就是,语言是人们理解世界的向导,但它并不是唯一的决定因素

(二)语言、文化与交际

语言的使用和分析离不开对社会因素的分析,具体的社会情景、说话者的社会背景和身份以及语言本身所包含的社会意义都会影响语言的使用。语言群体、语言活动以及交际能力等概念的提出不仅丰富了社会语言学的研究,而且为外语教学改革提供了理论基础。综合各家学说,我们可以对语言和文化的关系进行更加全面深入的分析。

1. 语言和文化具有很多相同点

它们都是一个民族或群体区别其他民族或群体的主要标志,是社会的主要组成部分。它们都是后天通过社会交际习得的,通常是同时进行的,因此两者之间有着紧密的联系。

2. 语言是一个符号意义系统

语言是反映和传播文化的主要途径,同时也是文化的重要组成部分。它帮助人们联系自己的环境,对自然和文化的物品进行辨别、归类,并组织、协调人们的社会活动。

3. 文化是指人们为了与其文化群体成员和平友好相处所应该知道和相信的一切

文化涉及社会生活的各个层面,是团结社会成员的纽带,为他们的行为举止提供参考框架,是他们信仰和评价的基础。文化有两个方面的作用:从群体文化的角度来看,它是语言反映的内容,文化的发展变化是语言形成和发展的原动力。就个人而言,文化因素决定语言的具体使用,语音、词汇、句法等的选用都会受文化因素的影响。总之,语言和文化的关系密不可分,它们相互依赖,相互影响。没有语言的人类文化不可思议。同样,离开了文化,语言也不可能存在。

语言和文化的密切关系在人类交际活动中体现得淋漓尽致。实际上,文化—语言—交际组成一个庞大的人类活动系统。语言是一种主要的交际模式,文化构成交际的环境,交际是一个信息传递的过程,它不仅传递思想内容,而且传递有关交际双方关系的信息。前者主要是通过语言传递,而后者往往通过非语言手段传递。在整个交际过程中,语境起着非常重要的作用。

语境包括以下两个方面:

①地理位置和周围布置等客观环境。

②场合特点和人际关系等社会文化环境。

这些环境因素不仅直接影响语言的使用和非语言行为,而且对所传递信息的感知和理解也产生影响。人类学家爱德华·迪·霍尔对于高语境文化和低语境文化的区别充分说明环境对语言和交际行为的作用。由于环境本身蕴含丰富的文化内容,不同文化对相同的客观和社会文化环境有着不同的理解,因此与其说是环境在影响语言和交际行为,不如说是文化在决定语言和交际。

反之,交际推动语言和文化的传播和发展。人都是通过参加社会交际活动才习得语言和文化能力的。"狼孩"的故事说明缺少了必要的社交活动,即使具备语言习得机制,个体也不可能掌握语言知识,成为一个社会的人。另外,正是因为交际活动才使文化得以通过语言为人们共享,才使文化的纽带作用得以体现。总之,交际就是文化,文化就是交际。

综合以上对文化、语言和交际之间关系的论述可知,交际是一个动态的、以语言和非语言为途径、以文化为环境的信息传递过程。它依赖于语言和文化,又促进语言和文化的习得和传播。

第二节　中日跨文化交际中语言的相互影响

一、跨文化交际中汉语对日语的影响

日本人在创造自己独特语言体系的过程中,在很大程度上受到了汉语的影响。汉字是日语的重要组成部分,而"假名"是日本人在汉字基础上创造的,汉字的偏旁部首成为"假名"的主要来源。此外,日本的"国字"也出自"六书",可见汉语对日语的影响之大。

(一)汉语对日语体系的影响

现有的日语体系有四个重要组成部分,即外来语、汉语、和语、混合语。外来语在书写时一般采用片假名,主要来源于欧美国家;混合语一般由外来语和汉语结合而成;汉语则来源于汉字词汇;和语来源于日本的固有词汇。

1. 创造了片假名和平假名

早在公元4世纪,汉字就已经传入日本,并很快得到日本人的认可,迅速流行和发展。7世纪时,日本人用汉字记录了日本一些重要的事迹和典籍,《日本书记》《古事记》等典籍中有大量汉字即为明证。汉字刚进入日本时,书写非常复杂,而且所有词汇都由汉字组成。直至万叶假名出现,汉字在日语中的书写才变得较为简便。不过汉字在假名中已经没有原来的意义,而只是作为一种符号存在。万叶假名也是真假名,因为其字形为真汉字。日语的假名起源于真名,具有义、声、形。后来日本人为了能够更加方便地使用文字,就对文字进行拆分,把汉字的草书体和偏旁部首拿出来,简化和整理之后形成了片假名和平假名。从此,日本开始拥有自己的语言。

2. 丰富了日语音节

由于汉语的影响,日语音节在训读和音韵两个方面发生了变化。一方面,日语的音韵由于汉语读音的影响,发生了较大变化。在汉语的影响下,日语出现了音变、拗音、浊音,出现了「ラ」行的音。另一方面,在汉语的影响下,日语出现了训读,而不再采用日语固有的音。目前,日语中采用训读方式的字非常多。有的与汉字拥有同样的意思,有的则意思不同。

(二)汉语对日语词汇构成的影响

1. 国字

日本在吸收汉字的过程中,常常会遇到一些比较难的概念或者日本特有的概念。在这种情况下,汉字无法加以表达。于是日本人从实际出发,发明了国字。虽然国字是由日本人创造的,但其构成基础依然是汉字。从这个意义上说,国字是汉字的组成部分,补充了汉字的一些概念和事物。日本人在创造国字时,一般采用会意的方式。

2. 和制汉语

随着日本对外交流的不断加深,外国的很多新词汇进入日语当中。日本人对外国的新词语进行新的理解,从而创造出新的词汇,这种新的词汇被称为"和制汉语"。随着中国与日本交流的加深,和制汉语进入了中国。

3. 抽象名词

日语在吸收汉语词汇的过程中,吸收了大量抽象名词,从而大大丰富了日语的表达。

(三)汉语对日语语言文化的影响

1. 对日语语音的影响

在三国时期,中国南方地区流行的吴音传入日本。唐朝时期,普遍存在于中国北方的汉音传入日本。日本镰仓时代,主要存在于杭州地区的唐音传入日本。目前日语中的汉字读音主要有三种形式——唐音、汉音、吴音。在当前的日语读音中,采用汉音的读法频率远比吴音大。

2. 对日语成语及习语的影响

日语和汉语具有非常紧密的关系。一方面,日本人在引入汉字时,保留了汉语成语及习语的部分表达方式,导致一部分汉语成语仍然在日语中广泛使用,如"自由自在"等。另一方面,日本人根据汉语创造了一部分成语或习语。

3. 对日语词汇数量的影响

日语体系诞生之前,日语自身的词汇数量非常少,很多概念无法用日语表达。鉴于这种情况,日本人把汉语中的很多抽象概念引入日本,用来补充日语词汇。因此,汉语在很大程度上增加了日语词汇的数量,使日语词汇变得更加丰富。

4. 对日语表达方式的影响

在修辞手法上,汉语和日语有一定的相似之处。中国文化一贯没有严格的推理形式,反而追求一种笼统的思维,用全局的观点看待事物。这种含蓄的表达方式影响着日语的语言结构表意,导致后来的日语表达也非常追求情感,具有含蓄和淡化逻辑的特点。

(四)汉字对日本文化的影响

在历史上,用汉字记载的大量书籍传入日本,这些书籍对日本文化产生了深远影响。一方面,日本人对中国的文化进行全方位学习。儒家崇奉的"天地君亲"在日本得到认可,加上佛教文化宣扬的自我修养、惩恶扬善等思想与日本的农业文化比较符合,日本遂在佛学文化、儒学文化基础上逐渐形成了具有日本特色的文化。

另一方面,日本俳句在中国诗歌的影响下逐渐形成。中国诗歌可谓是日本俳句的原型,日本人在创造俳句时保留了汉字诗歌中部分词语的寓意,例如,用"梅"来寄托高洁的品格,用"雁"来寄托相思。因此,日本俳句具有浓浓的汉文化气息。

二、跨文化交际中日语对汉语的影响

随着日本不断学习其他国家的科学,日本人把哲学、政治、经济等领域内的很多词汇用汉字翻译出来,中国人非常容易理解和吸收这些词汇。因此,日语开始对汉语产生影响,并且随着社会的发展,这种影响逐渐显现和扩大。

(一)丰富了汉语体系

日本人在创造日语体系的过程中,不断学习其他国家的文化和文字,并把很多西学词汇引入日语体系,这使日语中的西学词成为扩充汉语词汇的首选。当日语中的西学词进入汉语体系之后,汉语句子在一定程度上得以加长,汉语的词义得到丰富。

(二)对汉语语法的影响

日语传入中国之后,在一定程度上丰富了汉语语法。例如,汉语语法中有"正在……"的说法,但随着日语词汇的不断流入,这种说法已逐渐被"……中"替代,从而出现了"手术中""上课中""修理中""营业中"等说法。如今我国的部分城市还出现了类似的条幅,如"由于道路积水,道路两旁的大部分门店都已关闭,只有少部分门店正常营业中"。

(三)渗透汉语词义

日语对汉语词义的渗透非常隐晦,虽然我们并没有觉得汉语的意义与之前有何变化,但由于日语借词的影响,汉语的词义正在潜移默化地发生变化。例如"屋"在日语中是店铺或房子的意思,而在汉语中只有房子的意思,当日语词汇进入中国之后,日语词义对汉语词义产生了影响。中国的很多城市街道中出现了"发型屋""咖啡屋"等词汇,这些词语中的"屋"就是店铺的意思。

(四)增加汉字词数量

在日语词汇的影响下,汉语的表达和词义得以加深,汉语的结构更加多元,汉字的数量也不断增加。

第一,日语的部分借词直接用近音或者同音汉字进行翻译。这样的词语比较少,如"立邦漆""尼桑"等。

第二,日语中一部分已经改用片假名来进行表达的词语,在汉语中却被保留了下来。这部分词语最初来源于汉语词汇,如"俱乐部""维他命"等。

第三,日本人根据汉字自行创造了很多词语。这些词语传入中国之后,在一定程度上增加了汉字数量。如"座谈""读本"等。

第四,日本人在翻译其他国家词汇时,常常会借用中国古代汉语的一些表达方式。这部分词语进入中国之后,也丰富了汉语的词汇数量。如"精神""文化"等。

第五,日本人在翻译其他国家词语时,常常会借用汉字的构造。经过日本人翻译的词汇流入中国,对中国的汉字词进行补充。如"艺术""电话"等。

(五)增加汉语词语的表现力

人们在看报纸和电视时,经常会看到"人气""物语""新干线"等词语。这些词语是日语中的借词,中国人民已经认可并使用这些借词。例如,在汉语中,"放送"表示播放和播送,"写真"表示人物艺术照,"人气"表示人缘。这些词语都是日语的助词,当其进入中国之后,汉语词语的表现力得到了较大程度的丰富。

(六)汉语同化日语借词

当日语的借词流入中国之后,汉语在一定程度上受到日语文字、语法、语言的影响,出现了同化日语借词的现象。

1. 读音发生变化

日语词汇的读音和汉字的读音差别非常大。当日语词语流入中国之后,日语中一部分词汇的读音发生了变化,汉语读音替代了原有的读音方式。

2. 词性发生变化

当日语词汇流入中国之后,日语原有的词法也发生了一定变化:有的动宾结构发生变化,有的词尾出现脱落现象,有的词素发生变化,有的词长发生变化。

3. 词义发生变化

当日语借词流入中国之后,日语借词的汉语与之前的意义发生了一定变化,有的范围被缩小,有的仅仅保留一部分,大部分借词的原有词义不复存在。例如,在日语中,用「販売」形容买卖,是一个中性词;在汉语中,该词仍然是一个中性词,不过人们在使用这个词时往往带有贬义色彩。

4. 字形发生变化

古代汉字是日语汉字的起源,日本人在古代汉字的基础上创造了新的汉字。目前日语汉字中既有简体字,也有繁体字。不过,当日语借词流入中国之后,很多汉字却被简化,而且出现了用同音字来替换的现象。

(七)丰富了汉语词素

部分日语词汇传入中国之后,其含义起初并没有发生变化,但为了让这些词语更加适应汉语体系,这些词汇发生了一定变化,而且这些词正以一定的词素为中心不断进行发展,出现了很多新的说法,例如,"张小姐是月光族"等。从这些说法中,我们不难发现虽然"族""宅急送"等词语来自日语,但是为了与中国的说话习惯和语言文化更加适应,这些词在汉语中出现了很明显的词素化现象,汉语词素也因此得到了较大程度的拓展。

第三节 跨文化视角下的日语交际规则

我们了解日本人及其语言交际的社会文化特征,目的在于解决跨文化障碍从而与日本人进行有效的日语交际。进行跨文化交际总是困难的,文化包括交际,交际包括语言。当我们把语言作为一种交际工具考虑时,交际便需要具有语言能力,没有语言能力的语言交际是不可想象的。然而人们要交际,只懂语言还行不通,人们还必须充分了解与之进行交际的人,如果对交际对象一无所知,人们就不能成功地进行交际,这类知识可称为文化能力。语言能力和文化能力结合在一起构成语言的交际能力。语言交际能力介于语言和文化之间,它包含"语言"(发音、字、词汇、语法)研究中通常不加以说明的规则,也包含一般的交际规则,违反这些规则都将使交际受阻。

一、启动规则

与具有不同文化和使用不同语言的人交际,最为困难的是如何开始交谈、怎样交谈。这里面既有文化规则,也有语言规则,在这里权且称为启动规则。用日语与日本人交际,首先遇到的问题是问候。中国人之间常说"吃饭了吗?""上班去啊?"这些语言的功能都是表示友好的问候、打招呼。日本人则不同,他们问候的注意力不是放在对对方私事的关心上，而是对对方行为的赞誉和群体的融合上。例如，早上见面时用"起早"问候，表示赞誉对方起得早，而在农耕社会的日本，"起早"即是勤劳的同义语。白天见面时较之"你好"，更多的是使用有关天气情况的问候，如"今天好热啊""又下起雨来啦"等，以此增强群体的认同感。在这种时候，不管你的实际感受如何，都要随声附和，不能用否定回答，不然就阻隔了交际的正常进行。

人际初交，人们大致从自我介绍开始。在这方面，日本人的规则是先自报家门，而绝不能先问对方的姓名。自我介绍时，日本人关心的不是你个人的姓名，而是你所属的单位和职务，因此必须在自己的姓名前冠以"某公司的""某大学的"，不然日本人便无法把握与你交际的尺度。

一般情况下，日本人在商谈正事之前，都要花费一些时间谈论对方感兴趣的话题或天气情况、热门话题等共同关心的事情，以便相互沟通，奠定感情基础。因为日本人不善于与群体外的人或陌生人交际，所以这个环节是十分必要的。既然是出于这种原因和目的，交谈时切忌只谈论自己关心的事而不顾及对方，也要力避口若悬河、夸夸其谈，否则日本人将持不信任态度，对你也没有好感。尤其是有长者在场时，说话的主动权掌握在长者手中，除非长者开始说话，否则保持沉默是上策。连珠炮般向长者提问题或把他硬拉进来谈话，是十分不礼貌的。

二、参与者规则

一个人构不成交际，交际需要有参与者。参与者在交际体系中构成网络，形成参与者规则。在与日本人交际时，主要应该注意的是上下关系和内外关系，当然有时亦交织着利益关系。关系不同，则举止不同，采用的语言变体也不同。一般来说，对长者、外者或利益上的施予者说话要表示敬意，使用敬语变体、称呼要客气、态度要谦恭、选择话题要谨慎，还要尽可能地考虑到对方的需要和期望。

做到这些的前提是人们要善于观察和分析,尤其是与两个以上的日本人交谈时,一定要弄清楚他们之间的相互关系,判断应该将最大的交际注意力放在谁身上,切忌只照顾下者而置长者于不顾,这实质上是破坏了日本人严格的序列制度,这是不能被容忍的。

　　上下、内外、利益关系相互交错,在实际交际中处理起来并不容易。例如,一个公司的经理和同一个公司的职员,在公司内部他们是上下级关系,交谈有上下之分,但当一个外公司的经理参与谈话时,下者必须把注意力转向"外"人,尊敬的对象不再是自己的经理。

　　又如,A先生在只与其弟子B交谈时,B只是被作为学生对待,被称为"B君",当B的学生C加入交谈后,B的地位就发生了变化,A对C言及B时一般就称"B先生"了。至于在有求于人时,则不论自然关系是上下还是内外,有求于人者都要向对方表示敬意。参与者关系的流动性产生于文化根源。

三、内容规则

　　任何语言交际都伴随着一定的目的,而目的常常是通过内容来体现的。从与日本人交际的角度来说,谈论相互熟悉的地方和事物或者共同的经历和兴趣爱好都是很好的话题。

　　日本人对谈论本国的社会、政治、宗教等一般都不忌讳,都乐于发表自己的见解,并且也乐于倾听别人的看法。一般而论,日本人不太喜欢别人问及自己的收入情况、财产和年龄等,视此为私事。日本人不喜欢谈自己,也不习惯直截了当地阐述自己的主张和提出自己的愿望和要求。涉及这些问题时,他们的语言表达委婉、含蓄,如果对方能意识到这一点,交际则会顺利进行。日本人喜欢当面称赞对方,但期待的是对方对此的感谢和自我否定,而不是欣然认可。

　　实际上,日本人的称赞常常是表示友好的话题之一,而并不一定是基于事实。对日本人长者的肯定评价,不适用夸奖和赞许。例如,在听完日本教授的讲演之后,不能说"您讲得太好啦"之类的话,这实际上等于把自己置于优越者的地位了，应该说"谢谢您"或"我学到了很多东西"等。在交谈中，日本人往往不停地随声附和或点头回应，这是一种礼貌的表达方式，其意思表示"我在认真听您说呢"，而不一定是表示同意对方的意见或看法。日本人不直接用"不"对对方的意见表示否定，常常是先予以肯定，然后转移话题或以沉默作答，这种语言行为的目的是避免使对方难堪，影响人际关系。

语言行为与其他行为一样受到许多规则的制约，但是要从交际的角度把复杂多变的语言行为都按规则整理出来，无疑是十分困难的，需要后人继续努力。

第四节 日语教学中的跨文化教育

中日两国有着两千多年的交往历史，在文化交流上可谓源远流长，双方相互学习，相互借鉴，促进了两国经济和文化的发展。

随着中日两国交流的进一步发展，学习日语的人也越来越多。对日语学习者来说，只有掌握跨文化交流能力，才能在将来的工作中与日本人进行有效的沟通。中日两国离得比较近，文化上有相同之处也有不同之处。日语学习者要关注两国之间的文化差异，否则会在日语交流中导致一些误会。因此，如何让日语学习者理解中日两国之间的文化差异，从而提高日语交流能力，是当今日语教学中需要研究的课题。

一、日语教学中跨文化教育应用的必然性

在日语教学中，培养学生跨文化交际能力至关重要。跨文化交际能力是在掌握语法知识的前提下，根据对方的地位、身份、所处的场合来表达适合自己身份的语言，培养跨文化交际能力可以让人敢于在不同的场合与他人交流，并能够讲出得体、恰到好处的话语。具备优秀的跨文化交际能力能使人与人之间的交流更顺畅。

我国开展日语教学主要的目的是培养日语人才,目前我国并不缺少日语翻译者,而是缺乏日语文化的承载者。语言与文化之间的关系十分密切,文化是语言的基础,语言主要负责文化的传播。在日语教学过程中,文化背景的差异造成语言教育存在一定的困难,学习者在进行日语学习时,经常性地采用母语的学习习惯来学习日语文化,造成一些交流误会,从而使教学效果并不十分明显。

在日语学习过程中,学习者主要进行的是日本文化的学习,但是在具体的教学过程中,并没有高度重视文化教育。在日语教学过程中,教师需要明确,学习者掌握了语言并不一定能够熟练运用语言进行交流,相应的学习者的语言交际能力培养才是最为主要的,只有学习者掌握了语言基础能力(听、说、读、写等),才能促进日语教学水平的提升。

日本文化作为日本语言的基础,在日语教学过程中,教师只有引导学习者深入了解日本的民族文化,才能促使学习者掌握日语所需要承载的文化精髓。

二、日语教学中影响跨文化教育的因素

跨文化教育可以为日语教学提供丰富多样的教学场景,提高学生学习日语的积极性。下面从三个方面来探讨影响跨文化教育的因素。

(一)语言因素

中国与日本虽然一衣带水,都属于东亚国家,在历史上也曾相互借鉴、相互影响,但在文化上却存在根本性的差异。人们在交流时不能忽视语言背景这一重要因素,即使说着一口流利的日语,但对语言习惯及文化了解不深入的话,人们仍不能很好地交流。语言的学习离不开文化的载体,人们在学习中既要研究语法、掌握句型,还应学习和了解这个国家的文化。

众所周知,日语的语言比较暧昧。日语中的暧昧性表达对学习

日语的中国人来说容易造成理解上的困难，尤其是在日汉互译时需推敲用词、琢磨句意。暧昧性表达往往给人一种难以捉摸、语句不直白、态度不明确、说话含糊其词的感觉，起到含蓄、烘托、暗示等作用。

日本自古就在"稻作文化"下形成了"和"的精神。受到强烈的集团意识的影响，日本人缺少独立的意识。表现在语言上，就是尽量少承担责任，充分考虑对方的感受，顾及对方的面子，避免分歧的产生，尽量做到与对方的想法一致，从而达到使自己的利益不受到损害的目的。在这一前提下，在语言用词上尽量使用那些表意不明确、含糊其词的表达，以期在暧昧的语言环境中，在轻松、和谐的气氛中说服对方，达到交流的目的。所以，"言外之意""心灵的交流"比语言沟通更为重要。实际上，日本人说话不喜欢使用人称代词，更不喜欢使用第一人称代词。如果对话中一直说"我"会使人觉得说话人一直在强调自己的主张，给人带来不快，所以日本人更喜欢让听话者通过语境来体会自己的意图。这也是日语简洁的表现。

另外，日本人很注重集团意识，这种集团意识有利于营造和睦的人际关系。他们在集团内部时强调要与别人一致，要与人保持和睦关系，不要过分强调个人主张。

日本人还经常用下面的敬语来表示对别人的尊重："没有上什么好吃的、没有符合您胃口的"。日语语言的暧昧性，反映了日本人传统的生活态度和日本人的文化个性。日本人在表达自己的想法时，尤其是在表达与别人不一致的想法时，通常喜欢运用省略来表达暧昧。

综上所述，日语在语言表达上往往采用省略表达，含糊其词，省略的内容任凭听话人去猜想，这就是日语暧昧表达的一个显著特点。日语暧昧表达具有灵活性，起着润滑剂的作用。暧昧语给人一种温和、婉转的感觉，说话含蓄且带有神秘感，避免了向别人直接表达自己的观点，将伤害别人的可能性降到了最低。在与日本人交流时，可以从婉转、间接的表达中听出说话者的弦外之音。在工作中恰当地使用暧昧表达有利于维持和谐的人际关系,避免不必要的误会。

(二)非语言交流因素

人与人交流时除了语言交流,还会用到非语言交流。通常人与人交流时,一小部分是通过语言得到的信息,一大部分是通过非语言因素得到的信息。人的视线、表情、手势、姿势、说话语调、沉默的方式、礼仪、时间观念等都是非语言因素。这些非语言因素是每个国家独特社会文化的表现方式之一。礼貌会通过礼仪表现出来。礼仪是人们在社会、道德、习俗、宗教等方面的行为规范,是人们思想、文化修养的外在表现。在日本,人与人见面常以鞠躬行礼来表达问候,根据礼节程度的不同,会有从弯腰行礼到90°鞠躬的区别。在榻榻米上要正坐行礼,日本人上身弯下,两手放在前面并且着地,然后低头。日本人没有握手的习惯,但在与外国人会面、竞选等特殊场合,日本人也学会了握手的礼节。

日本位于亚欧大陆东部、太平洋西北部,是个千岛之国,长期以来以农耕和渔业为主,人与人的思想、风土人情、生活习俗大体一致,日本人注重集体观念、整体配合。日本人在交谈中会时刻注意手势、表情、动作等这些非语言因素,以此来获取有用信息,达到以心传心的效果。

(三)社会文化背景

从日本人一天不同时段的问候语中可以看出日本人很懂礼貌,如早晨见面时他们会说"早上好",中午会说"中午好",晚上会说"晚上好",睡觉前会说"晚安"。

日本人在路上遇见熟人时会问"要出去吗",对方会回答"去一下那里"。日本人通常不直接问对方去哪里,并且对方的回答也会比较含蓄和婉转。自己的隐私不想被别人知道,所以也不会问对方的隐私。

在日本,人与人交往时经常会说"打扰了,对不起"。例如:

①请问,去图书馆怎么走?

②您好，我想看下这个可以吗？

③请问，我可以用下这个吗？

以上例句说明日本人说话很讲礼貌，常用礼貌用语拉近人与人的距离，体现了日本人讲究"和"文化。

日本人不希望对方为自己费心做任何事，也不希望给人带来任何负担。日本语言和日本文化是密不可分的，在实际交流中应当充分考虑文化因素。在日语教学中，教师应当注意让学生保持对日本文化的敏感度和趣味性，重视中国文化和日本文化的比较，找出异同，培养学生的跨文化意识。

三、跨文化教育在日语教学中的应用策略分析

随着我国教育的不断发展，尤其是提倡素质教育之后，外语教学逐渐得到了教育工作者的重视。跨文化教育在我国的外语教学研究中还比较缺乏，要想提高日语教学当中的跨文化教学应用价值，就需要采取有效措施，具体内容如下。

（一）提高学生的跨文化教育意识

在日语教学当中，有效应用跨文化教育，就需要执教者的跨文化教育意识得到有效的提高，才能确保在具体的教学过程中重视跨文化教育的应用。从目前我国教育发展情况而言，我国的跨文化教育意识得到了有效的提高，并且在外语教学当中得到了广泛的应用，但是这种意识的提高仅仅存在于教师层面。国外在实施外语教育时，主要是将跨文化教育作为推动改革的工具，并且十分重视跨文化教育的应用，不断增加教育资金的投入，确保了跨文化教育能够充分发挥其应用价值。

随着我国改革开放的深入，我国外语教育逐渐提高了对跨文化教育应用的重视度，并且教育部出台了相应的文件，促使跨文化教育在日语教学当中得到有效的应用。

(二)增强文化认同

在日语教学过程中,极易出现语言交流的误会,如何让学生在日常的交流当中避免误会成为日语教育者最值得深入思考的问题。这就需要教师注重中日文化差异之间的教学,需要在课堂当中注重汉语与日语文化之间的对比,帮助学生有效增强文化认同。

对于增强文化认同,教师主要采取的措施是采用情景教学方式,组织学生在不同的情景当中进行有效的交流,并且在交流的过程中需要重视文化差异的相关互动。此外,教师有必要引导日语学习者自身积极参与到日本文化的了解当中,从而使跨文化教育深入学习者的生活当中,这有助于学生增强文化认同。

(三)提高教师队伍的跨文化教学能力

在现代教育当中,教师需要在具体的教学过程中拥有较强的专业能力,并且充分发挥自身的引导作用,才能促进教学效果的提升。因此,在日语教学当中,需要日语教师具备跨文化教学的能力,这样才能在具体的日语教学中灵活地应用跨文化教育。

目前人们主要从以下两个方面入手,切实有效提升日语教师的跨文化教学能力:

第一,国内高校应该加强与日本名校的交流,主要是通过派遣教师深入学习日本文化,从而有效提升自身的教学能力。

第二,高校需要聘请日本著名教育者定期开展跨文化教育专题讲座,促使日语教师各方面的能力得到有效提升,从而有效提高日语教师的日语跨文化教育水平。

随着我国教育的不断发展,外语教育教学有必要进行改革,跨文化教育作为改革的有效途径之一,有必要充分借鉴国外的先进教学经验,并且逐渐将其发展为中国特色日语教学。

在此基础上,我们需要将跨文化教育作为一种教育政策,贯穿到日语教学全过程,才能在真正意义上促进跨文化教育的进一步发展。

第四章

跨文化交际视角下的日语课堂构建

第一节　日语教学质量障碍分析

在竞争日趋白热化的今天,以质为本、以质取胜已成为一个核心主题,对所有高校来说都是如此。教学教育质量是学校的生命线,教学教育质量的提高已成为学校走向成功的关键,培养创新型人才更成为当务之急。俗话说"师高弟子强",学生们是否能够成为创新型日语人才、是否能够在竞争大潮中占有一席之地,高校的日语教学教育水准起到了至关重要的作用。在此,从提高高校日语教师的自身素质、提升教学环境整体水平两个层面,针对如何提高高校教学教育质量培养创新型日语人才提出参考和借鉴。

国家一直大力倡导实施"素质教育",为祖国培养"高素质创新型人才"。创新型人才是一个民族前途和命运的重要决定要素,是各大院校在人才培养上是否成功的重要指标之一。教书育人是教师的天职,为社会培养"高素质创新型人才"是每位高校教师的义务,是各大院校的使命和责任。这就要求每位教师必须从提高自身素质做起,不断研究与探索提高教育质量整体水平的良方,在此我们针对如何提高日语教育教学质量培养创新型日语人才这一课题,从微观和宏观两个层面进行分析。

一、日语教师自身素质的提高

从微观上说,日语教师自身素质的提高是适应时代发展的需求,迎接日语教育、教学改革挑战的首要条件。只有创新型日语教师才能培养出创新型应用日语人才,因此迫切要求高校日语教师具有创新性的日语教育教学理念和完善的日语知识能力结构。

(一)创新性的日语教育教学理念

在谈及创新性的教育教学理念之前,需明确什么是正确的教育教学理念。有人将教师分为两类,一类是用自己的教学方法去筛选自己认为符合并适合该教学方法的学生,这些学生被该教师划为合格。进而筛出了一部分不符合、不适合自己教学方法的学生,于是诞生了该类教师心中的不合格生、差生;而另一类教师则是将所有学生的特性、特点进行研究分析,然后去寻求符合并适合学生的教学方法,从中筛选并剔除一部分不符合、不适合自己学生的教学方法,进而不断改进教学方法,做到因材施教,在培养学生的同时提高自己。显而易见,如能拥有一个后者一样的教师,可谓是学生之大幸,学院之大幸。教师要肯于蹲下身来,从学生的角度看学生的所思所见所想,肯与学生交流、交心、交观念,力求探索每位学生心灵深处的奥秘,挖掘每位学生独特的闪光点,使其发光发亮。

具备正确的教育教学理念,是为人师的基本、根本,而创新性的教育教学理念对教师来说无疑是一个更高的挑战。创新性日语教育教学理念的树立是为了要培养出具有创新意识、创新精神和创新能力的日语人才。当代日语教育已不允许教师停留在单纯的照本宣科的教学,日语教师的真正价值体现在是否能够培养激发学生的学习日语自主性、激发学生的日语求知欲望上。必须改变以教师为中心的教学模式,而应转变为以学生为中心的教学模式,坚持"学生中心论"这个理念。现代的经济社会是以现代科学技术为主要支撑点,所谓的现代科学技术本身就是一种创新,是以创新型综合性人才为支撑点的。这就要求日语教师需以知识和技能的传授为载体,依据日语专业学生的专业特点和个性特征,培养日语专业学生的综合素质和实践应用能力,并根据日语专业学生的个性差异设计多元的评价体系,为日语专业学生的成才和成长创造更好的育人环境,不断地提高高等院校的教学教育质量。教师须认真倾听学生的心声和观点已成为日常教学中的关键,通过启发教育,潜移默化地将学生各自鲜明的个性导向正确的方向是教学工作的重要环节。高校教师需积极营造充满生命活力的课堂教学运行体系,将课堂变成师生互动的场所,激励学生迸发创造的热情和火花,令学生主动地将自己的思考、灵感及兴致投入课堂活动中,使课堂教学变成一个呈现出丰富性、知识性和趣味性的舞台。所谓的创新性不是凭空想来的,国外不乏众多先进的教育理念,这些都可以成为学习的捷径,取人之长为己之用,并在日语教学实践中不断改进,逐步探索出一套自流派的创新性日语教育理念,培养出大量创新型日语人才。

(二)完善的知识能力结构

日语知识能力结构可以理解为日语知识结构和日语能力结构的综合。高素质教师知识的能力结构是对当代高校教师的高要求、高标准。"满腹经纶"作为一个褒义词如用在教师身上,则是对该教师的学问和才能何等的认同,但教师更重要的使命是"传道、授业、解惑",因此"茶壶煮饺子"式的人物不适合从事教育事业。日语教师不仅要具有丰富的专业知识、科研知识之外,还需具备其他与日语教育相关联的理论知识和实践知识,以及从事日语教育活动所必须具备的各项业务能力。这其中不仅包括富有表现力和说服力的言语能力、能够根据学生的不同情况或意外情况,随机应变的应对能力和因材施教的能力等之外,在当今的国际化、信息化的社会中,高校日语教师还需要具有信息技术能力和其他能力,并且必须树立积极向上的终身学习观,来随时应对未来社会对教师的需求。与此同时,高校日语教师更要将这一理念言传身教地传授给学生,培养日语专业学生终身学习的理念和习惯,为他们日后走向社会打下坚实的基础。日语教师的综合能力的提高直接影响日语专业学生的成长,日语教师的能力结构是培养创新日语人才的关键,这一简单的道理不言而喻,需要全体日语教师共同努力。

各大高校为提高日语专业学生的就业能力,大力鼓励学生参与社团活动,意在提高日语专业学生的实践水平。对学生尚且如此要求,又何况是教学育人的日语教师呢。随着素质教育观念的提出,"实践能力"已成为高校教育研究中的又一热点话题。日语教师的知识结构不是单靠自身的学习和刻苦就可以达到完善的,而是要借助实践活动这一载体进行的。日语知识能力结构的完善与综合素质的提高都源自实践活动,同时体现出实践能力水平。因此高校日语教师应尽可能多地积极参与社会和企业组织的各项实践活动。在直接获得宝贵实践经验的同时,借助各种媒体间接汲取广泛经验。通过拓宽视野和培养自身的前瞻精神,做到及时把握社会最新发展趋势和本学科的学术动态,提高对创新性命题的敏锐程度。教师需要通过实地演练、经验收集、技术训练,在实践中通过长期体验、反思、总结、评判、感情和领会,来不断提高自身的素质,逐步将知识能力结构进行合理整合,才能在日语教育教学实践中更好地培养高素质创新型日语人才,才能更好地服务于日语专业学生,协助日语专业学生的身心共同成长。

二、日语教学环境整体水平的提升

从宏观上说,日语教学环境整体水平的提升是各大高校免于淘汰、赖以生存和发展的基础,也可谓是高校培养创新型人才的核心,是教育教学的生命线。

(一)培养高质量日语教学团队

高质量日语教学团队的培养是搞好日语教育教学质量的关键,只有优秀的日语教学团队才能教出优秀的学生,才能培养出创新型日语人才。高质量日语教学团队要求每位日语教师都要有前沿的教育理念、丰富的文化知识、熟练的教学能力以及积极进取、不断探索和无私奉献的精神，日语教师们齐心协力地全心奉献才能创造出优异日语教育教学的成果。日语教学团队中，专业带头人起到举足轻重的作用。日语专业带头人必须具有一定的学术造诣和创新性学术思想、具备组织管理和领导才能、善于整合与利用社会资源，有效地管理教学团队，使其成为强大凝聚力和创造力的团队。高质量日语教学团队的形成，要求全体日语教师在专业带头人的带领下，及时跟踪产业发展趋势和行业动态，准确把握专业建设与教学改革方向，不断改进和完善改革教学内容和方法，提高自身的日语教学水平和素质能力，实现日语团队的可持续发展。

从校方来看，培养一支优质的日语教师团队，首先需要创造一个良好的育人环境，提供日语教师走出去学习的机会，积极鼓励日语教师继续深造和学习。"闭门造车"永远造不成"好车"，只有谦虚严谨地"取人之长，补己之短"，不断开阔视野，将所学日语知识结合本校实际，有针对性地开展日语教育教学研讨，集思广益，共同探索日语教育教学新方法，不仅可以达到提高日语教师的教学能力的目的，还可以借此增强日语教师之间的情感交流，提高日语教学团队的凝聚力。一个个和谐、奋进、有朝气的日语教学团队的诞生，该校的各项工作就能朝气蓬勃地开展，就能培养一大批朝气蓬勃、积极向上的优秀创新型日语人才。

（二）营造良好的日语学习环境

学习环境对人的言行具有强烈的暗示作用，可起到引导行为的内涵和方向的导向作用。各国在纷纷采取措施加强对高等教育质量控制时，深刻地意识到学习环境对学生发展和成长产生了重要影响，而社会环境同样能对学习环境产生重要影响。为此，各国提出了利用对学校学习环境评估来控制教学教育质量的众多举措。可见当今众多不良的社会环境对学生学习造成了不良影响的同时，也直接影响了教育教学质量的提高。因此，为日语专业学生营造一个良好的学习环境是日语教育教学质量提高的有力保证。

高校不仅是一个社会文化的传播者，同时更是一个社会文明的传播中心，是培养创新型日语人才的坚实基地。从校方来说，应该强烈阻挡和制止社会的各种不良影响现象，首先要从学校内部入手，及时准确地做好学生的思想教育工作，加强对学生的管理，增强学生的判断是非和自我控制的能力。同时，学校要为学生营造一个良好的学习环境，将学生的兴趣和爱好放在学习上。学校可根据自身情况努力构建和谐校园文化，搭建互联网和远程教育网，选择适合本校实际情况的优质教育资源，建立校园网、建立网络教室，给教师和学生探寻学习资料提供广阔的空间，创建学习和借鉴优质教学资源的平台。通过各式平台拓宽师生视野、拓展师生思维，增强师生的创新能力，提高学生的学习自主权和灵活性，为教学优化注入新活力。学院通过行之有效的教育管理方法，增强全校师生的和谐校园文化的自觉意识。一个良好的学习环境，一个和谐的校园文化，可以激发校园内每位学生潜能的发挥、特长的展现，使其个性得到全面和谐的发展，有助于培养具有鲜活个性的多样化、应用型人才。

（三）争取社会和家长的支持

国家现代化的基础在人才，人才的基础在教育，教育的基础在家庭。教育中的家庭教育对人才的培养非常重要。作为教育的三大支柱的家庭教育、社会教育和学校教育应相辅相成，互相配合、互相辅助、缺一不可。家长是学生的第一任教师，家庭教育是学校教育的重要补充部分，也是影响学生身心健康发展的重要因素。随着高校素质教育的不断深入发展，校方应有效地利用社会和家长作为进行教育指导和服务的载体，寻求社会和家长的大力配合，使其成为沟通学校教育、家庭教育、社会教育的重要渠道，为提高教育质量发挥功效。为做好学校、社会、家长三方的友好配合，学校必须加大力度致力于处理好与社会、家长的关系。学校有必要对每位学生的家庭背景有所了解,做到有的放矢地关心学生身心健康,及时与家长进行交流。首先要让家长认识到子女接受高等教育的重要性,主动协助学校进行有意义的健康教育。为了让家长更好地、及时地了解学生在校的学习状况、心理状况、行为表现,各小学经常举办的"家长开放日"的这一活动无疑是个好办法。但不是所有院校都能像小学一样实施此项活动,众多客观条件的约束使该项活动无法统一进行,那么各大院校是否可以将每一个教学日都定为"开放日",向家长和社会打开欢迎的大门,欢迎家长和社会各界随时的参观和监督,让家长和社会各界及时地了解学生在校的实际状况,争取家长和社会各界的积极配合。这种开放性政策有利于拉近学校与家长、社会的距离,增强家长对校方的信任度,谦虚听取家长和来自社会各方的建议,致力于优质资源的选用。教育教学堪称一门艺术,教师和家长的良好合作有利于培养学生良好的学习和生活习惯,帮助学生发展成长;同样,教师在解决和帮助各类困难学生的实践中,也提高了教师的教育教学水平。教师、家长、社会三方之间应协力架起信任、友爱的桥梁,共同努力创建一个民主平等、公平合理、和谐互爱的互帮互助关系,共同探讨和研究培养应用型人才的良方,只有这样教学环境整体水平才会得到大幅度的提升。

高校作为社会的重要组成部分,肩负着培养社会所需合格人才的重任。高校教育的扩招是社会发展的必然结果,是顺应经济成长的需要,充分表现出改革创新的思想理念。当职位有限、名额稀缺、竞争与压力悄然而至时,扩招后的日语专业毕业生们要实现人生规划,必然面临严峻的就业选择,而这时应用型日语人才将会在竞争大潮中崭露头角。因此,面对市场变换以及国际和社会大环境的变更,高校日语教育不能停滞不前、毫无改变,必须选择改革,始终将日语教学教育质量放在工作第一位,坚持不懈地探索提高日语教育教学质量的"神方",致力于为经济社会培养和输送适应市场的创新型日语人才。

第二节　日语实践教学课堂构建

一、日语实践教学课堂改革

社会大量需要综合能力强的应用型日语人才,针对这一特点就需要高校适应市场要求进行教学改革。首先应从完善第一课堂的实践教学着手,改变过去传统的授课模式,积极调动学生自主学习的积极性。第一课堂实践教学就是探索如何使学生从"要我学"转变成"我要学"。

了解社会经济发展的需求,市场对应用型日语人才的需求,制定培养应用型日语人才的目标和方案,使我们培养出来的学生,不但具有本专业的理论知识、专业技能,更具有市场上的需求的贸易、商务、金融、旅游、管理、计算机等诸方面都能适应的应用型日语人才。就业乃民生之本,从第一课堂着手开展实践教学是培养应用型人才的重要环节,是实现人才、知识、能力、素质协调发展的重要途径和手段,是提高就业率不可忽视的教育手段之一。

(一)完善实践教学,搞活第一课堂的必要性

随着改革开放的深入,大连凭借着优越的地理位置和特殊的历史背景,成为日资企业投资的重点地区,现在大连的日资企业达2000余家,其中还不包括与企业配套的事业单位,且号称世界500强的日本企业在大连就有10余家。日语翻译人才很是紧缺,面临巨大的压力。所以说日语相对其他外语语种在就业上持有得天独厚的优势,"懂日语,就业俏"成为人才市场的流行语,我国高校日语专业教育也随之发展起来。但随着经济增长方式的转变,社会对日语人才需求的应用型特征愈加明显和突出。用人单位录用毕业生时更看重的是其素质和综合能力,以往传统的教育模式教育出的学生根本就适应不了市场要求,也不是企业所能接受的人才。毕业生找不到接纳单

位而着急；企业急需人才，找不到合适人才而着急，社会需求人才标准和毕业生适应市场能力不足成为学生就业的"瓶颈"。毕业生能否顺利就业，就业后能否适应劳动市场的需求与变化，已成为学校办学成功与否的一个重要标志之一，以及专业设置、教学教育机制是否合理的主要依据和关键因素。针对各层次的特点培养应用型日语人才，实践教学是学生掌握相关技能和提高职业素养的关键，进而要求各大院校将三个课堂有效联动起来，其中第一课堂起着至关重要的作用。学生在校期间，教师利用大量时间通过第一课堂来传授知识，以提高学生的综合素质，因此要求教师需要端正思想，不断研究教学，不断提高自身水准来逐步完善实践教学，搞活第一课堂。将实践教学融入第一课堂，推出特色教育模式成为高等学校教学改革的重要内容之一。

(二)教师需要创新思路，以健康心态做到"因材施教"

现在各大院校都在进行改革，开展第一课堂实践教学已进入了日程，在实施过程中所存在的问题越发深刻，越发值得重视，急需解决。其中存在部分院校教师实践的社会能力不足的问题，仅凭书本上的理论知识"照本宣科"。当今的学生大多数知识面广，求知欲强，如果所上的课程内容索然无味，不能调动学生自主学习的兴趣，再有多少所谓的"敬业"也毫无意义。

教学质量是高校的生命线，培养社会需要的具有较高综合素质的应用型日语人才是高校的永恒主题。在此要求教师必须端正心态，积极主动地认清自身的不足，转变思想，调整心态，以崭新的面貌去迎接新的挑战。就此诸多问题的解决，教师首先必须认清书本上的知识和实践教学中的不足和差距，尽快弥补自己在商贸日语、计算机日语、旅游日语、金融日语等诸方面的不足。

其次，以社会需求为中心，就要解决社会实践能力不足的问题，努力创造机会到社会上、到企业中现场观摩或实际操作，积极去了解社会需求，不断提高自身水平并深入探索、研究提高学生的实际操作能力的方法。

最后,第一课堂的实践教学,就是应该以学生为中心,一切教学活动都要围绕学生展开,充分发挥学生主观能动性,鼓励其积极主动参与形式多样的语言实践,提高其日语的各种应用技能和熟练的应用日语的交际能力,这就要求我们摒弃传统的以教师为中心的教学模式,从传统的死背单词、题海战术来增加词汇量的方式出来,而是通过身边的实物实例让学生在理解中感性记忆。研究兴趣教学法,将其融入第一课堂实践教学中去,通过兴趣来激发学生学习的积极性,并从学生的实际情况、个别差异出发,有针对性地进行有差别的教学,使每个学生都能扬长避短,获得最佳发展,做到"因材施教"。

所以作为一个教师要调整好自己的心态,适应时代发展的需求,把培养适应市场的需求,进入社会能很快就业的综合素质的应用型人才作为目标。不断学习、不断进步、敢于剖析自己、敢于创新、以乐观向上的心态去面对实践教学,保障各环节的实施及成效,改进实践教学方法,给学生一个典范作用是成功完成第一课堂实践教学任务的第一步,当然要做到这一点是要付出艰辛的劳动的。

(三)采取多元化、实用型实践教学模式

摒弃第一课堂多年来一直采用的以理论教学为主,以实践教学为辅的教学模式。积极采取并灵活运用多元化实践教学模式,加强对学生的正确引导,注重对学生实践活动的兴趣的培养,从而达到日语的听、说、写、读、译等语言活动能与生活、工作中的实际有机结合。下面针对几种教学模式做一简要分析。

1. 讨论式教学模式

讨论式教学模式是一改过去的教师一讲到底,学生训练到底的模式,而是由教师提示要领,交代重点思考的问题,甚至可以将下堂课的教学目的公布下去,让学生们围绕同一问题从不同侧面进行准备,通过讨论发现问题并找到解决方案,达到自主学习的目的。学生在讨论式教学中思想轻松,思维活跃,有更多的机会去发现问题、研究问题。学习过程则是学生先想,教师后导,学生先提出问题,师生共同寻求答案的过程。对于内向、不爱发言或不敢发言的同学不放弃,充分鼓励并给予信心,达到共同进步的效果,让课堂真正成为学生学习的舞台,让学生真正成为课堂学习中的主人。讨论式教学模式让学生学会正确分析,思考问题,能够积极面对现实生活和未来社会。

2. 情境式教学模式

在日语课堂上活用多媒体器材,播放有关情景、语音,使学生经过长时间的锻炼和熏陶,从被动地接受知识变为主动地掌握知识,老师也可以从单纯的传道授业中解脱出来,成为学生学习的引导者和辅导者,从而充分体现和发挥学生的主体作用,收到较好的教学效果。还可创设出形象鲜明的图片,辅之生动的文字语言,并借助音乐的感染力,再现所要描绘的情境表象,使学生如临其境,在此情境中进行情景交融的教学活动,对培养学生情感、启迪思维、发展想象、开发智力等方面都有独到之处,起到传统的教学方法所不能起到的作用。教学实践证明,使用情景式教学模式的学生在学习注意力、学习兴趣、学习积极性等方面都有明显的进步,因此结合学生的实际特点按照培养方案的要求,合理恰当地创设情景,激发学生的学习兴趣和动力,让他们更积极主动地参与到对新知识的探究中去,真正起到以学生发展为本,全面培养学生能力的作用。

3. 小组式教学模式

日本企业很注重"团体协作",即团体合作精神,在其招聘简章中经常可以看到"招聘某某人员,具备某某能力、良好沟通能力以及团体合作意识和吃苦耐劳的敬业精神"等这一类词汇。小组式教学模式是在日语实践课堂上倡导的一种学习方式,一个班分成几个组,任务分配使每个学生各尽其职,都是主角,并通过比赛的形式让学生在潜移默化之中形成强烈的合作意识。小组式教学模式利于培养学生获取信息的能力，增强动手操作能力，促进了学生的思维和动手能力的逻辑性和顺序性，更重要的是利于培养学生的团队精神。小组中相互合作，学生们加强了团结，增进了友谊，也提高了人际交往的能力。实践课堂上的小组式教学模式还可使学生在学习日语基础知识、专业知识的同时，学习日本文化，了解日本企业的工作理念，为毕业后进入工作岗位时减少磨合时间、尽快融入其中打下良好基础。

从第一课堂着手开展实践教学是培养日语应用型人才的重要环节，是实现人才知识、能力、素质协调发展的重要途径和手段。将实践教学融入第一课堂，通过组织多种形式的实践模式，提供不同层次的实践内容，调动学生的学习自主性，让学生从被动地学习变成积极主动地学习，进一步提高了学生的学习兴趣，从而增强了学生独立解决问题的能力和自信心。在竞争激烈的社会大潮中，只要我们准确掌握人才市场的需求情况，不断完善教师队伍，及时调整教学模式和考核基准，从搞活第一课堂着手、丰富第二课堂、拓展第三课堂，以适应社会需求为前提，培养应用型日语人才，我们的学生的就业前景将会是非常光明的。

二、日语文化教学策略

语言是文化的载体，离开文化视点考虑语言就无法看到真正的语言。日语教学的目的是培养学生具有运用日语知识进行跨文化交际的能力。在日语教学中进行日本文化的导入，有利于提高学生的日语综合水平，增强学生的跨文化交际能力。

日语是日本文化的反映，在其形成和发展的过程中，也与其他民族的语言一样，受到本国文化的影响。日语教学必须与日本文化紧密结合，脱离文化的日语教学是孤立、抽象而枯燥的。日语教学水平的提高，与在教学过程中导入日本文化紧密相关。因此，在日语教学中除讲解日语的相关语言知识外，还应适当导入相应的日本文化知识,让学生充分了解日语的文化背景,有效掌握并灵活运用日语,以取得良好的教学效果。

(一)日语教学中的文化导入的紧迫性

语言是人与人、种族与种族、国家与国家在历史的发展中汇聚了地缘变化、种族变迁与演化、政经发展、民族心理等,在其共同作用下形成的具有传袭的最重要的交流工具。

在语言的形成中,文化是语言形成、丰富、发展的重要方向,同时又制约着语言的形式。一定区域内文化不断将自己的精髓注入语言之中,丰富和更新着语言的文化内涵,使语言变得更加精确、缜密。

正确识别和理解不同文化特有的语言和非语言行为功能,熟悉常用词汇的文化内涵,面对不同的国家首先需要了解其背景文化才能够学习他国语言,才能够在语言交流中对语言进行恰当运用。

1. 日语文化导入划分

在语言的教学中,文化的导入因人而异,一方面是教授者对语言文化的把握程度,另一方面是语言、语义、语境背后隐含的文化背景的多少。

在日语的教学中,教育界并无太多人进行研究或有体系的实验性教学,在具体的课堂教学中,要么较为笼统地进行讲解,要么因过于讲解文化背景而影响语言教授。

在日语教学界,部分学者认为导入内容涉及四个方面:一是日语词语相关的文化;二是日语篇章相关的文化;三是日语具体交流中的文化;四是日语语言之外的相关文化。

这种划分方式仅是学者提出的部分划分方式存在两方面问题:首先是整体上对语言教学的内容教育等划分不清晰,其次是划分过程中交叉部分过多。

日语教学文化导入可以分为词语构成文化、语句自身文化、用语语境文化三类。其中,词语构成文化在不同的语句语境中差异较大,与地方使用"特色"关联更为紧密。

因此,在日语文化导入划分上,随着英语等外语教学手段的不断进化,日语教育界也更加关注语言和文化的教育契合深度,在划分上也会逐渐得到完善。

2. 日语教学中文化导入的现状

文化导入是近几年提出的一个教学理念,即将文化引入语言教学中,是语言教学和文化教学的结合,也是外语教学实践性原则的延伸。然而,在实际教学中,虽然很多学校对文化导入的重要性有所认识,但是在日语教学中导入的文化还远远不够。

(1) 重视程度不够

在传统的日语教学中,教师一般沿用语法翻译法,强调对语法、语音、词汇三要素的掌握,把教学重点放到了精讲词汇、分析语法、练习句型上面。而对学生的非言语行为能力、文化辨识能力和跨文化交际能力的培养,则没有引起足够的重视,忽略了语境和语用的问题,从而导致"重语言教学而轻文化导入"的现象。因此,学生在交际过程中往往不能恰当地使用日语来准确表达自己的意愿,有的甚至按照汉语的习惯来套用日语,造成交际困难。

此外,大部分学校没有设置关于日本文化的课程,很少讲授日本的风土人情、社会文化以及生活习惯等方面的知识。虽然有的学校开设了日本社会文化论、日本概况等方面的课程,但也只是简单抽象地介绍一下日本文化。而且,文化课程的学时和学分设置非常少,还常被边缘化,因此,教师和学生都不是很重视。

(2) 教学模式单一

教学模式决定着教学效果。在日语教学中,教师一般只注重对学生进行听、说、读、写、译的语言技能训练,却很少对学生进行相应的文化导入。

学生在实际的交际过程中,缺乏在恰当的场合使用恰当语言的能力,生搬硬套汉语式的日语,出现贻笑大方的现象。比如,在进行句型训练时,只是让学生机械地套用句型和朗读,却没有向学生讲解相应的肢体语言和表情,导致学生在和日本人交往时语言和肢体语言不协调。很多学生尽管通过了国际日本语能力一级考试,但却仍然在工作中以及在和日本人的交往中发生交际摩擦和误会。

(3)教师对日本文化的了解不到位

优秀的外语教师除能讲授语言技能外,还应熟悉目的语国家的文化知识。但是,实际上大部分日语教师对日本文化的学习和研究是远远不够的。

很多教师只是单纯地使用教学法来进行词汇、语法等的教学,而对日本的历史、习俗、文化等知识知之甚少,不能灵活自如地在日语教学中导入日本文化。而且,有的教师连日本都未去过,或者是去过却没有在日本长期生活过,对日本文化的了解比较片面、不够透彻,仅仅停留在直观的表面印象上。有的教师甚至对我国传统文化的学习都不够,没有深厚的文化功底,更别说熟悉日本文化了。

教师仅仅向学生传授语言技能,对中日文化异同不能进行深入的比较和解析,学生自然就对日本文化一知半解。由此可见,教师只有熟知日本文化,才能更好地开展日语教学,让学生成为既掌握语言技能又精通日本文化的实用型人才。

3. 日语教学中文化导入的迫切性

随着中日两国交往的日益频繁,国家需要大量既精通日语又具有跨文化交际能力的人才。

由于中日两国无论是语言体系还是文化类型都存在差异,如果不从文化的角度来讲解语言知识,对于已经形成固定汉语思维模式的大学生来说,极易造成误解。

判断日语专业的学生是否学习优秀,仅仅看他们掌握日语知识的程度是不够的,还要看其是否掌握了日本文化。有的学生在与日本人的交际过程中,由于没有掌握日本文化,无法在恰当的场合使用恰当的日语进行交流,甚至套用汉语习惯来使用日语,不自觉地用我国的文化标准来衡量日本的文化,导致交往中出现障碍。

这充分地说明,在大学日语教学中如果只讲授语法、单词等基础语言知识,而忽视文化导入,是培养不出高素质应用型的日语人才的。因此,在大学日语教学中进行文化导入,讲授日本的思维习惯、风土人情、社会文化,增强日语教学的趣味性,让学生了解日语的文化内涵,提高他们的跨文化交际能力,才能实现日语教学的真正目的。

(二)日语文化教学的内容与方法

1. 日语文化教学的内容

教师在进行文化教学时,既要让学生认识文化差异,学会对目的语文化的宽容,又要教会学生处理好文化上的差异。只有这样,才能成功地表达交际双方真实的意图,实现真正意义的交际,具备真正的文化能力。文化教学的内容大致包括三方面的内容,即言语文化、非言语文化和交际文化。这既适用于研究不同语言的文化,也适用于同一文化不同层面的研究。在教学过程中,教师要有针对性地将两种不同文化进行对比研究,这样做不仅可以让学生的认识更加深刻,而且可以令其理解更加透彻。

(1)言语文化

言语文化通常从3个方面来研究,即与语音相关的文化内容、与词汇相关的文化内容以及与语法相关的文化内容。

1)与语音相关的文化内容

即使是同一种语言在不同的地区或国家也会有区别,我们可以据此判断出说话人的文化特征。语音不仅可以反映说话人的性别特征、区域特征,还可以反映说话人的社会地位等。要了解一种语言在语音上的全貌,就应该从它的音系入手。所谓音系,包括元音、辅音和声调等。这里需要特别说明的是声调。声调是依附在音节上的超音段成分,主要有音高构成,也就是说,声调是整个音节的音高变化形式。日语的声调为高低型,而汉语的声调则高低轻重兼而有之。并且,现代东京话的声调是以拍为单位,各拍之间存在相对的高低不同,这与汉语不同,汉语的声调是在同一音节内部有高低变化。汉语的声调从中古以来就是词的音位成分,能区别意义;日语不是声调语言,所有的声调不区别词义。所以,汉、日两语的语音比较,在声调上就不作比较。另外,日语汉字词的音读主要分为吴音和汉音。吴音和汉音不仅在传入日本的时间上有先后。由中国传入日本的地点也有所不同。一般认为,吴音是日本自大和时代(5世纪—6世纪)从中国南朝传入的汉字音,这一汉字音主要为中国南方的语音。汉音是日本奈良时期从(8世纪—9世纪)中国唐朝传入的汉字音,主要是遣唐使从中国唐代首都长安带回的语音。虽然吴音和汉音是两个语音系统,但这两个语音系统在音系上是接近的,只是在与汉字对应时有所差别。所以,在做汉、日两语的音系对比时,不将日语汉字词的吴音和汉音分开与汉语做比较。日本的音系部分传承了中国的音系,因此二者不仅在语义上,而且在文化的内涵方面也存在着一定的共通性。

2)与词汇相关的文化内容

在语言构成的各要素中,词汇与文化的关系最为密切。存在于不同文化环境中的语言的词汇都承载着丰富的文化内涵。研究这些词汇所蕴含的文化内涵对语言学习具有重要的意义。我们以猴子所蕴含的文化内涵为例,在日语、汉语中有关"猴"的成语、谚语虽然在表述上不尽相同,但是两者表达的意义是完全一致的。日语中的"猿に木のけり"原义是指教擅长爬树的猴子爬树。众所周知,猴子本来就是擅长爬树的,在《动物世界》或《人与自然》这类节目中,我们经常会看到大自然中擅长爬树的长臂猿。因其穿林越树,如履平地,被称为动物世界中的高空"杂技演员"。显而易见,教猴子爬树是一件徒劳无功的事情,没有任何意义。汉语的"猴子捞月"出自《法苑珠林·愚戆篇·杂痴部》:讲述的是伽师国波罗奈城郊外森林里一群猴子看到月影在井中来回晃荡，以为月亮掉进了井里，便召集来众猴子一起捞月，最终群猴纷纷掉入水中的故事。这个故事告诫人们遇到事情要勤动脑筋、认真观察、仔细思考，不能像猴子那样不假思索、不切实际、自作聪明，到头来只能是竹篮打水一场空，徒劳无获。

3）与语法相关的文化内容

语法能够揭示一种语言连字成词、组词成句、句合成篇的基本规律。文化背景的不同就会导致语言的表达方式各异。此外，不同的表达方式还能反映出不同民族的思维方式。语法揭示了中、日民族之间的思维方式的不同，其实，日语语言的学习也体现着中、日民族之间思维的不同。对学习者来说语法是"赖以学会使用语言的手段"。学习者的目的是学会如何使用语言，语法只不过是达到这一目的的一种手段而已。也就是说，学习者不是想学语法，而是想学语言。与此相反，对于母语说话者而言，思考母语的语法，是一种"探索、梳理现行语言结构"的工作，这种工作本身就可以成为目的。从语言学角度来探讨日语结构的"日语语言学"语法，正是这种源自母语说话者角度的语法。如上所述，母语说话者与学习者的语法观迥然不同。因此，母语说话者（或者虽非母语说话者但已熟练地掌握该语言的人）在考虑教授语法时，有必要认真审视自己思考语法的角度与学习者的角度是否一致的问题。毕竟学习者并没有亲身经历日语的那种文化环境。况且，在日本语言学习方面，学习者的语法体系不是静止的，而是由初级到中级，由中级到高级持续变化着的一种动态连续体。因此，学习者如果不能有像日本人那样学习日语语法的连贯性思维，就很难将日语学好。

（2）非言语文化

非言语交际包括言语行为之外的一切由交际者和交际环境所产生的刺激，这些刺激对于交际参与者都具有潜在的信息价值或意义，一旦这些刺激被对方感知就产生了交际意义。它既包括手势、表情等，还包括不同文化对时间、空间、色彩的不同看法以及在听觉、嗅觉、视觉、触觉等感官方面的不同感知特点。它在交际过程中扮演了十分重要的角色,有效地辅助了言语行为的实施,有时甚至具有"此时无声胜有声"的效应。与非言语交际有关的文化也是日语文化教学应该涉及的内容之一。非言语交际的构成要素主要有以下几种。

1)举止神态

举止神态指的是人的身体动作或是身体语言,如人的举手投足、眼神或表情都属于举止神态。非言语交际所涉及的举止神态的内容可以总结为面部表情、手势和姿势三个方面。

①面部表情。面部表情往往是人的内心情感的自然流露。它是人们传递感情和分析他人感情的主要渠道。在交际中,人们首先通过对方的面部表情判断他的真实情感和意图。如何运用面部表情体现了不同文化对于情感流露的不同理解。日本人认为,一个人在公共场合克制自己气愤、悲伤、爱慕、高兴等强烈情感的流露是智慧和成熟的表现。

微笑是人类非常常见的一种面部表情,也是最容易引起跨文化交际误解的一种表情。微笑通常表示快乐和友好,但是在亚洲文化中,微笑还有其他一些含义,例如,害羞、尴尬、生气、抱歉、拒绝等。日本人还经常用微笑掩盖内心的痛苦。这种非语言交流方式对欧美人来说是非常陌生的。

②手势。手势是交际中经常使用的肢体动作,虽然很多手势的动作具有普遍性,手势的含义却因文化而异。有的手势在一种文化中是正面的、幽默的、无害的动作,在另一种文化中可能就是负面的甚至是冒犯的动作,很容易引起跨文化交际中的误解和冲突。这也在一定程度上体现了非言语交际符号与其代表含义之间的任意性。

③姿势。姿势包括站、坐、蹲、跪等动作,是人的肢体用来传递信息的主要方式之一,我们通常可以透过不同的姿势得到不同的潜在信息。在社会交往中,人们往往根据一个人的姿势和举止来判断他的性格和修养,姿势的得体性却是因文化而异的,并不具有普遍性。

日本人以见面行鞠躬礼著称,日本人的鞠躬动作不仅具有问候的功能,而且体现出对等级、社会地位和正式礼仪的重视。因此日本人对于尊者的鞠躬姿势越低,越表示尊重。地位低者要先鞠躬,而且一定要比对方的姿势更低,时间更长。如果双方地位相等,鞠躬则应该有同样的深度和时长。

人们的坐姿也同样具有一些文化的特征。多数国家的人一般坐在椅子上交流,而阿拉伯人则喜欢坐在地上交谈,日本人也有坐在"榻榻米"上吃饭聊天的传统。

由上可知,举止神态的熟练掌握能帮助我们成功地进行跨文化交际,由于不同文化中动作的习惯不同,学习者要加以注意并用心领会。

2)副语言

副语言又称"辅助语言",是指伴随话语发生或对话语有影响的有声现象,是一些超出语言特征的附加现象,包括人类发音器官所发出声音的音量、音调、重音、语调等因素,以轻重缓急、抑扬顿挫、高低强弱来表达说话人的思想感情和态度;也包括表达不同意义,诸如叹息、呻吟、咳嗽等声音。

类语言行为属于有声的非言语行为。"副语言"在交际过程中往往具有一定的含义。例如,将某个字音拉得很长表示强调或暗示,说话口气尖酸表示冷嘲热讽,整句话带鼻音可能表示对方生气了,压低嗓音表示谈话内容较为机密,说话结巴则暗示对方在说谎或紧张等。此外,诸如喊、叫、哭、笑、叹气、咳嗽、沉默等也可以看作副语言现象。

所有这些"副语言"都是伴随话语而发生的,对话语有一定影响或者有某种意义。从这个角度来说,学习掌握这些语言之外的副语言现象能更好地理解说话者的意图。

3)环境语

环境语是指文化本身所造成的生理和心理环境,包括时间、空间、颜色、声音、信号和建筑等。这些环境因素都能为交际提供信息,所以环境语也能展示文化特性。下面以时间为例进行说明。

时间行为就是人们在交往接触中处理时间的行为。不同文化中的人们看待时间的观点各不相同。人类时间观念有两种文化模式：时间的单一性和时间的多样性。

单一性时间模式强调严格遵守日程安排，该干什么的时候就要干什么，不管任务是否完成，只要时间一到就必须停止，绝不能打乱这种安排。多样性时间模式使用时间时较随意，或者说时间观念不是很强。人们不太注重对日程活动的安排，也不太注重遵守时间。根据情况一项工作可能干的时间很长，也可能干的时间很短；或同一时间干一件事，或同一时间干多件事。这一切取决于某些当事人或管事人的意愿。

4）近体距离

近体距离指的是人们在谈话交流中与他人保持的空间距离，以及人们对家、办公室、社会团体里的空间的组织方式。根据交流种类和性质的不同，可将其分为私密距离、个人距离、社会距离、公众距离四种类型。

①私密距离。私密距离可以是近距离的，真正的人体接触就属于这一概念范畴，通常出现在谈情说爱时，出现在知心朋友之间，出现在父母及依偎着父母的孩子之间或一起玩耍的孩子之间。它也可以是远距离的，即保持46厘米以内的距离，这是一般较为密切的关系距离。

②个人距离。个人距离的范围是46厘米－120厘米。个人距离是人们之间保持的最为自然的距离。在这个距离内，人们同样可以进行日常的非语言交际行为，如握手或牵手等。

③社会距离。社会距离的范围是120厘米－360厘米。一般情况下，社会距离保持在离他人一臂之长的地方。我们处理非私人事务一般就在这一距离中。它适合于正式的公务活动、商业活动或社交活动。

④公众距离。公众距离的范围是360厘米以外,是以上所有距离中最为安全的一种。一般教师上课、司法调查、商业谈判等都必须保持这样的距离。在这一距离内,人们通常不会发生谈论或是交流。

综上所述,教师在非言语交际文化的教学中应该注意以下三种情况：

①同一行为在不同文化中所表示的含义不同;

②相同含义在不同的文化中行为不同;

③有的动作是某一文化中特有的。

(3)交际文化

交际文化主要包括称谓、问候与告别、道谢与答谢、恭维与赞美、委婉语等几个方面。以称谓为例,日语中说话人应根据自己与对方的社会关系来选定使用哪个人称代词,这一特点使许多场合很难使用一般的人称代词,而多用表示被指代人物的职业、社会地位的词来称谓。

在日本,初次和人见面,既不知道对方姓名又不知道对方身份时,很难进行谈话,因为不知道应该用什么样的称呼来指代对方为好。也许正是因为有这样一个语言上的客观原因,所以日本人之间就特别重视一见面就交换名片。因为只有通过交换名片,知道了对方的姓名和身份,才能找到适当的词语来称呼和指代对方,使谈话既不失礼又不丢自己的面子。

2. 日语文化教学的方法

日语教学中文化教学的方法和技巧既受到教学目标和教学内容的影响,也受到其自身特殊性的制约。常用的文化教学方法有以下六种。

(1)直接导入法

所谓直接导入法是指教师在语言教学中直接向学生介绍语言的文化背景知识。它是一种最简单易行的文化教学法。在中国,课堂是学生学习日语的主要场所,离开课堂,学生就很少有机会接触到使用日语的环境。因而当遇到与课文相关的文化背景知识时,学生总会感到十分陌生,难以理解。

所以,教师在教学中应尽可能发挥其主导作用,直接向学生介绍相关的文化背景知识。为此,教师在备课时可以精心选择一些与教学相关的、典型的文化信息材料,将它们恰到好处地运用到课堂上,这样不仅能增强教学的知识性、趣味性,还可以加深学习内容的广度和深度,同时可以激发学生的求知欲,活跃课堂氛围,使课堂氛围利于日语教学的展开。

(2) 文化旁白

文化旁白是注解法的一种较为方便的形式,是传授社会文化知识的方法之一,也是课堂上教师最为常用的方法。它是指在进行语言教学时,就所读的材料或所听的内容中有关的文化背景知识,教师见缝插针地进行一些简单的介绍和讨论。

在一般情况下,教材所选的文章都有特定的文化背景,有的是作者背景,有的是内容背景,有的是时代背景。同时,课文内容往往也涉及该国家的政治、经济、文化、宗教、建筑、地理、工业、农业等诸多内容,并且此类文章的信息量大,能生动地再现两国文化的差异,可读性强。

鉴于此,教师在备课和上课时要注意文化知识的渗透,使日语课不仅是单纯的语言交流,还可以提高学生在教育观、文学修养、价值观、社会生活和风俗习惯等方面的跨文化意识,从而大大提高学生的语言综合运用能力。对学生来说,文化上的差异通常是其理解目标语的较大障碍,而采用这一方法可以有效地清除部分语言认知障碍。

在这一教学方法中,教师可充当讲解员,也可以运用图片、实物教具或者多媒体课件等多种手段进行讲解。其目的都在于帮助学生更好地理解所读或所听的内容,又有助于丰富学生的感性认识,促进理解。这一教学方法的好处是机动灵活,用途最广,使用时间最长,缺点是任由教师掌握,随机性很大,且需要教师有较高的驾驭语言与文化的能力和一定的教学技能与艺术。

（3）词汇渗透文化法

词汇是日语学习的基础，一般的观点认为，词汇的学习只需牢记即可，但是对于大多数的日语学生来说，特别是那些日语基础较差的学生，词汇记忆并非易事。作为日语教师，在进行词汇教学时，除教授学生根据一些规则来记忆，如联想记忆等之外，还可以适当地引入词汇的文化意义，激发学生的学习兴趣，使学生在欣赏文化的同时就能在不知不觉中对该词有较深的印象和理解。此外，一些日语中常用的短语、俗语也是日语学习中重要的一方面，这些俗语往往负载了大量的文化知识，有些体现了很大的文化差异，如果没有相关的文化背景知识，就很难理解、记忆，更不能正确地运用。因此，在日语词汇教学中引入文化有助于帮助学生打下良好的日语基础，以便进行深层次的学习。

（4）对比分析法

对比分析法既是跨文化研究的主要方法，也是第二语言教学的重要方法。对于文化教学来说，文化的对比分析法也是一种常用的方法。教师在给学生补充日语文化内容的同时，对中、日两种不同文化进行对比，可以培养学生对汉语文化和日语文化差异性与相关性的认识，进而提高其对两种文化全方位的理解。对比的目的主要是让学生发现本国文化与目标语文化之间的异同，正确区分知识文化因素和交际文化因素。在这种方法的使用中，对比不能仅限于表层的形式的对比，还应该有深层的内涵的对比；不仅要进行语言的对比，还要有非语言的对比；不仅要做语言、非语言形式与意义的对比，还要做语言交际行为的形式和意义的对比，等等。

（5）学习和鉴赏外国文学作品

这一方法是指学生在教师的指导下，对文学作品进行多角度的剖析，了解人物的情感，了解不同文化背景下的人物间的交流和文化冲突。

在中国现阶段的日语教学中，大多数学生了解日本文化主要还是依靠间接阅读相关材料,如小说、报纸、杂志等。但是,很多学生在阅读文学作品的时候,仅仅为了追求情节或者为了扩大词汇量,而并没有注意文学作品中所反映的文化方面的细节,比如风俗习惯、文化差异等。因此,教师应该正确指导学生阅读文学作品,引导学生在阅读的过程中注意和积累相关文化背景知识,并适当对这些文化开展分析、对比,从而有效增加学生的文化背景知识。

(6)利用日文电影提高跨文化意识

电影是文化的载体,是一个国家和民族文化最直接、最生动的体现。一部好的日文电影不仅能够激发日语学习者的学习兴趣,还可以提供给他们一个真实的语言环境,了解日语国家的生活方式、社会文化习俗和礼仪、思维方式、人文精神和价值观。接触和了解日语国家的文化内涵有益于学生更好地学习和使用日语,也有益于帮助学生树立正确的人生观和价值观,培养学生用欣赏和包容的态度对待不同文化,使学生的跨文化交际能力不断提高,实现日语教学的最终目标。同时电影中的经典台词和故事情节也会使学生感悟出人生真谛,这些都是素质教育的精华,进一步实现在课堂上进行人文教育的目标。但在实际教学中要想真正实现其作用也要遵循以下教学技巧。

1)精心选材,合理使用

尽管日文电影对日语教学有很多促进作用,其内容丰富、种类繁多,是一种取之不尽、用之不竭的教学资源,但是由于数量众多,质量良莠不齐,课堂上教学课时有限,所以教师要针对不同层次的学生,根据课堂教学内容、学生的实际水平和兴趣爱好,选择适合他们的影片。同时电影的内容要健康,对白、发音要清晰地道,语速要适中,选择日文字幕或无字幕,同时也要把影片复制给每位学生,以便课后学生反复观看学习。

2)合理利用有限课时

日文电影时长平均约两个小时,在课时有限、考试压力大的课堂上教学很难完整播放整部电影,所以教师要合理利用有限课时。必修课堂教师要根据听讲课文内容和学生实际水平精选电影片段作为教学环节,这样可以活跃课堂气氛,使教学方法多样化,也使整个课堂有趣、有效。而第二课堂的电影赏析则要精心选择几部贴合大学生学习和生活的片子并完整播放讲解,这也对教师有更高的要求。针对教师推荐的其他影片则应由学生组成小组,利用课下时间互相合作、共同完成学习某部电影的学习任务。

3）优化教学设计

课堂上播放日文电影片段与一般单纯的音频材料和老师的语言导入相比,给学生提供了一定的场景和语境.将学生迅速带入课文主题,帮助学生进入思考,刺激学生求知欲,激发学生课堂讨论,使学生产生深入学习和进一步思考的兴趣。所以日文电影赏析作为多媒体教学的手段之一,已经越来越多地应用在大学日语的课堂教学中。但是很多教师在教学环节上的安排较随意,课前准备不够充分,课堂上没有设计相关活动,课后也没有跟踪评价,更有甚者把日文电影播放变成没有备课的替代品,这样教师就成了电影的放映员,其教学目的和效果很难达到。所以,电影教学和其他教学辅助手段一样,在教学过程中需要教师适当地利用和恰当地处理。教师要精心准备每一部影片,内容包括背景文化知识介绍、人物特点分析、经典对白、话题讨论等,随后也要组织相配套的比赛,如模仿、人物配音、角色扮演、创造性续写等。

此外,教师在选取影片进行文化教学导入时,一定要根据文章主题精选适合的影片。这种辅助主题和文化背景相对应的日文电影欣赏,向学生导入日本相应的文化背景知识,并对该主题进行系统、深入的介绍,不仅丰富了本单元的材料素材,而且对主题的文化背景更是一个直观、生动、形象的介绍,深化了学生对主题的理解,从而通过剖析影片中涉及的思想及各种人物,体会影片中、日两国人民的情感世界、道德观和生活观,加深了学生对所选语言国家的感性认识。最重要的是将日语教学与文化教学融为一体，增强了学生学习日语的兴趣和能力，能让学生灵活掌握和使用本单元所学的语言知识，扩大视野，提高跨文化交际能力。

(三)日本礼仪教育与日语教学

1.日本家庭中的礼仪教育

家庭教育问题自古以来就受到人们的关注，对儿童身心健康发展起着举足轻重的作用。家庭中的礼仪教育对于培养孩子的修养和素质起到至关重要的作用。日本家庭的礼仪教育体现在生活中的方方面面，日本小孩子从会说话起就要接受家庭在语言、行为等方面的礼仪教育。

对孩子进行礼仪教育的核心是教育孩子做到与人交往时相互尊敬、相互谦让。日本有句老话是："孩子是看着父母的背影长大的。"从这句话中可以看出日本人对"身教"的解读。日本的父母注重在生活的点滴中通过自身的行为对孩子进行礼仪教育，日本父母就是通过这种日常的身教对孩子的礼仪进行规范，对孩子的人生进行熏陶和染化。

日本家庭的礼仪教育还体现在餐桌上。日本父母从孩子很小时就向他讲解餐桌上的礼仪。在家里，妈妈即使做好了饭，只要没告诉孩子吃，孩子是绝对不可以先吃的。日本人喜欢喝酒，且有相互斟酒的礼仪习惯。即使在家中饮酒，夫妻俩也不会自顾自地饮酒，而是礼貌地给对方斟酒。孩子在这种环境中生活，自然而然地把这种行为作为一种规范熟记于心，有一天走向社会将会以正确的礼仪标准去规范自己的行为。

日本家庭通过语言对孩子进行礼仪教育的例子很多。例如，每个人在离家或回家时都有一套约定俗成的礼节、规范。每次出门都要和家里人说"我走了"，家里人要对出门的人回应一句"你走好"；而回家时要说一声"我回来了"，家里人要回应一句"你回来了"。家庭是社会的细胞,也是社会的基本单位,家庭教育作为整体教育活动的一个重要组成部分,对一个人的成长具有终身教育的作用,家庭教育可谓是学校教育的基础。

2. 日本学校里的礼仪教育

学校教育是家庭教育的进一步深化和延续。大多数的孩子走出家门,第一个接触的教育机构是幼儿园,日语中称之为"幼稚园"。日本孩子进入幼儿园后就开始接受正规的礼仪教育。幼儿园教师作为教育者自觉率先垂范的自我意识及行为,直接影响儿童社会性的发展轨道,决定着儿童社会性发展的性质与水平。日本幼儿园的教师不仅是礼仪教育的说教者,更是礼仪教育的实践者。平时,教师会要求孩子把脱下的鞋子一律鞋头朝外整齐地排列在门口,要穿着袜子走在木地板上。即使期间教师带着孩子们出去玩耍、回屋时,教师会自觉地率先把随脚脱下的鞋子鞋头朝外整齐地排列在门口之后,静静地站在一旁微笑着等候孩子们。孩子就会每天在这样一堂堂生动的礼仪教育课上规范自己的行为。

在幼儿园外面,每天早上可以看到日本妈妈们带着自己的孩子井然有序地排队入园的景象,日本妈妈领着孩子走到老师面前,一同向老师行礼并道声早安,老师领过孩子再一同向家长道再见。晚上也以同样的方式与老师道谢、道别。在家长与幼儿园老师的共同努力下,日本孩子在上学之前就已掌握了基本的礼仪礼貌。

日本学校从小学开始就开设道德课,由教师把道德、礼仪规范、如何做人等灌输给学生,教授的是孔孟之道。使用的课本素材大多数是我国古代诸子百家的思想,教给学生"己所不欲,勿施于人"。日本教师会通过身边的小事去引导学生,告诉学生要有宽广的胸怀,宽以待人,在人与人之间的交往中,做到尊重他人、平等待人,不给别人添麻烦。

日本学校的礼仪教育还体现在对学生进行"尊师重教"的教育上。在校园里,随处可见学生遇见老师,鞠躬行礼打招呼的情景。在日本,不与老师打招呼被视为严重缺乏礼仪、不懂礼仪的行为。如发生这种事情,学校会对学生进行警告,两次以上事态将会升级,被认为行为不良进而影响学习成绩。如果屡教不改,学校便会叫来家长,和家长一起对学生进行教育。严重者,被学校开除也是大有可能的。礼仪教育已贯穿在日本学校的日常教学活动中,学生不仅要尊重老师,对学长们也必须恭敬有礼。

学校是教育的主阵地,其功能在于促进学生健康成长,学校教育是对学生实施教育的一个重要环节。一些简单的礼仪的课程对于学生的吸引力或许并不是很大,教师可以转变一下教学的内容,不仅只是说一些常规的礼仪。例如,教师可以针对用餐礼仪,为学生讲述两个国家的不同点;让学生感受到在不同的国家,可能同样的礼仪代表不同的意思;让学生明白商务礼仪的重要性,毕竟商务日语专业的学生以后从事的工作有很大的可能是需要与日本人接触和交流的,对于一些日本的礼仪更加应该了解一些;并且教师还可以给学生讲解一些礼仪的缘由,让学生从根源上去了解礼仪的文化背景,将礼仪的课程讲得更加生动有趣一些。

在日语的学习中,无论是应用于哪种场合,都应该具备日语的正确知识和基本能力。礼仪的规范应该落实到会议、商谈以及电话对话中,正确的姿态理解与对方的谈话内容,正确理解公司的规范与商务习惯。当前多媒体技术的应用优化了日语教学手段,改革了传统的礼仪教学条件,更好地为学生营造出轻松愉快的学习氛围,使他们的自觉性与积极性得到提升。教师们改变了传统的讲解模式,通过多媒体对日本文化背景导入,通过启发式与研讨式的教学手段结合多媒体应用的过程增加了日语学习的直观趣味性,为优化课堂教学成果创造了条件。

3. 日本社会上的礼仪教育

社会教育是从社会环境所提供的各种信息中自发地、有选择地接受某些内容而形成的教育。日本人从小接受来自家庭和学校的礼仪教育,学会鞠躬的详细规范。他们知道要向谁鞠躬,以及鞠躬的方式、鞠躬的程度,并懂得应该在何种场合行何种礼。在日本的大街上,可以看到日本人因各种理由,在不停地点头、鞠躬。买东西的人向卖东西的人点头致谢;卖东西的人更是向买东西的人鞠躬感恩。所以大家都调侃地说:不用开口,远远看去就知哪个人是日本人,因为日本人总在点头、鞠躬。

日本的大街小巷看不到"不准乱扔垃圾"等警告语,公交车上也看不到"不准大声喧哗"等警告语。日本人甚至对于自家垃圾都自觉按照国家规定进行严格分类处理。日本对垃圾分类是非常细的,从大的分类上,分为可燃垃圾、不可燃垃圾、资源性垃圾、粗大垃圾等,而这几大类又被细分为若干个子项目。在日本,每户家庭的墙上都贴有垃圾的回收时间表,每家每户都自觉按照时间表将分类好的垃圾拿到指定位置。

日本企业担负着礼仪教育的重任。日本企业非常注重对员工礼仪的教育,大多数的企业制定有一本厚厚的礼仪培训守则,对新入社的员工进行企业礼仪方面的教育,甚至培训员工掌握正确的仪表打扮。日本企业认为,适宜的仪表对顺利处理工作来说是非常关键的,会让人感到热情和诚意;员工的仪表是一个公司的脸面,代表整个公司的形象。加上日本受我国儒家文化影响深远,日本企业的管理者们喜欢将儒家思想中的"礼""教"思想用于指导企业员工的行为和塑造员工的人格上,使日本企业形成一个和谐有序的集体。

日本社会上的礼仪教育,形式多样、内容丰富,并且传播速度快。社会教育是日本礼仪、文化教育进一步深化和践行的重要阶段。

第三节 日语课堂与就业衔接

改革开放的我国,与一衣带水的经济大国日本,无论是在文化交流上,还是在经济交往中的联系都日趋密切,我国成为日本企业投资的热点地区。大量的日资企业对我国的入驻,为日语专业学生的就业较其他外语语种提供了得天独厚的优势。但从日语专业应届毕业生的就业状况可看出,虽说就业数量上实现就业率100%,但从工作性质来看,从事与本专业相关的工作的就业对口率约为50%。从工作岗位情况来看,有个别从事文员、教师等工作,但大多数从事的是日语外包相关的日语低端化工作。

一、就业领域与岗位分析

在对用人单位的调查研究中发现,大多数用人单位认为学生的心理素质、独立工作的能力偏低,导致将学到的知识应用到实际工作中时一定程度地影响到实践动手的能力发挥。从就业现状、岗位可以看出,除就业对口率有待提高以外,毕业生就业岗位低端化问题也值得深思,现对就业领域及岗位做以下简单的分析。

(一)毕业生的就业领域

日语专业毕业生的就业领域很广,可以进入生产性企业,可以进入软件外包公司,可以进入各种院校,可以进入劳务输出公司,还可以进入贸易公司或其他企、事业单位。只要是和日语相关的领域都可以成为日语专业毕业生的就业领域。

(二)毕业生可从事的工作岗位

针对就业领域,日语专业毕业生可从事的工作岗位也呈现多样化。根据各个就业领域的特点不同而从事不同的岗位,诸如:翻译、总务、人事、采购、业务、教师、操作员及外包信息处理员等岗位。也就是说日语专业毕业生可从事外经、外贸、旅游、外事等的日语口译工作和笔译工作,以及管理、文秘、经济贸易、公共日语教学等工作。

二、企业问卷调查

针对日语教学中的诸多问题,通过企业问卷调查,明确了企业对所需日语人才的要求，进而阐明了日语专业的学生的日语要达到一定水平，专业技能必须过关，以及在读期间积累工作经验和提高综合素质的途径。对日语专业的教学改革具有参考价值。

在招聘现场，经常可以听到企业方感叹说"学"日语的不少，"真正会"日语的不多。那什么是"真正会"日语的人才呢？企业需要什么样的日语人才呢？如何培养让企业接纳的人才呢？带着这些问题，以大连所在企业为对象，针对日语专业所对应的行业、岗位等进行了企业对日语专业人才需求情况的调研活动。通过调研了解到企业所需要的综合性应用型日语人才的要求主要表现在以下四个方面：

①日语好。

②专业技能过关。

③有工作经验。

④综合素质好。

从表面上看，企业要求的标准很高、很苛刻。这些对一个刚毕业的大学生来说是很难达到的，但从另一方面讲，这些也都是相对的。哪个企业在招聘时都想要自己理想的人才，这是无可厚非的。但与此同时，企业从高到低不同层次也都需要人，所以落实到具体每一项时，就要看你的基础知识扎不扎实、团体意识强不强以及你的潜质和综合素质等能否进入企业的"法眼"，这就给我们提出了一个严峻的考验。各大院校无论是培养方案、课程建设，还是实践教学基地建设等方面，逐渐从不完善阶段步入完善的阶段。但是现阶段我们培养出的学生和市场、企业所需的人才还有很大的差距，为此下面将从四个方面阐明日语专业教学改革的一些设想。

（一）提高日语水平

绝大多数的企业在招聘日语人才时，要求应聘者的日语水平要相当于国际能力测试N1级的水平，底线也要达到相当于新日本语能力测试N2级以上的水平。这就给我们的教学提出了明确的要求：重视基础日语教育,不断提高教学质量,改进教学手段。教学质量是高校的生命线,传统的教育模式已无法适应市场和企业的需要。培养应用型日语人才,把实践教学带入第一课堂,针对日语专业的专业特点推出特色教育模式,充分发挥学生主观能动性,鼓励其积极参与形式多样的语言实践,提高日语实践应用能力应该是我们教师必须认真研究的课题。摒弃传统的以教师为中心的教学模式,改变传统的"死背单词、题海战术"等教学方式,通过身边的实物实例让学生在理解中得到感性记忆;积极研究兴趣教学法,尽快将兴趣教学法融入第一课堂实践教学中去,通过兴趣来激发学生的学习积极性,提高学生的日语水平。第一课堂搞不好,质量不过关,谈什么第二课堂、第三课堂都是毫无意义的,第一课堂是打好日语基础的关键。企业还是比较看重应聘者是否持有日语资格证书的,因为短短几十分钟甚至十几分钟的面试是无法完全了解一个人的实际日语水平的,相应的日语资格证书会让企业方更直观、更快捷地对应聘者的日语水平有一个大体的了解。因此,双证制(即毕业证和资格证)的取得应该继续提倡,甚至采取适当的强制性政策,即使是突击学习而获得的也是很有必要的,这是为学生切身着想的教学手段之一,对学生将来的就业也是很有现实意义的。

(二)专业技能过关

企业各岗位对日语人才的专业能力及所掌握的技能需求涉及面很广,企业在招聘日语专业人才的时候,绝不是仅仅满足于应聘者的日语水平,而是希望应聘者具备具体岗位所需的专业技能。随着日本 BPO 业务大量涌入大连,仅日文录入一职就一直存在着供不应求的现象。在与企业接触中,我们充分感受到了企业急切要人的迫切心理。现在各大院校与几家日资企业签订了实习协议,并派送了实习生。学生们从 BPO 业务中最初级的信息处理员做起,他们认真、勤奋的工作态度得到了企业的认可,但从企业的反馈意见来看技能不过关现象也非常明显。在校期间虽也安排了电脑课,但所学知识与实际工作不衔接,尤其对日文系统下的基本操作知识知之甚少等问题在工作中也明显地表现出来了。虽说学生的日语学习不扎实是诸多问题存在的主要原因之一,但还有一个不容忽视的关键点就是课程内容安排等方面存在着与企业实际需求严重脱轨的现象。

现在大多院校开设了《日文办公软件操作》课程,该课程是就业上岗的必备技能课,具有很强的商务实用性,也是以适应当今就业市场为辅的教学模式。教师用尽量少的时间进行重点讲解,大多数的时间留给学生进行实践操作,针对出现的问题及时解答,随时归纳总结,充分体现实践课的实际操作的这一特点;在实践内容的安排上应不拘泥于教科书,随时把兄弟院校的好经验、好信息尽可能在第一时间引入课堂,并主动与企业接触,谦虚请教,积极把最新的企业信息作为授课参考,结合学生具体情况不断调整教学内容与进度,让学生在课堂上就能得到和在企业同样的培训,为真正进入企业打下良好的基础。

(三)积累工作经验

大多数的企业不愿意接纳应届毕业生和没有工作经验的学生,这对于刚毕业的大学生来说,无疑是一个很残酷又必须面对的问题。但是这不是个别院校学生才面临的问题,而是任何学校的学生都同样面临的问题。在解决这一问题上,各大院校形式不一地采取了各种措施,如大连职业技术学院在人才培养模式上实施"订单式"人才培养模式,走校企合作办学之路,拉近与企业的距离,把企业培训方案直接导入教学内容,把企业实践技能考核纳入实训计划,使学生毕业后一上岗就能立即进入角色开展工作。这些学校的经验都可以成为我们借鉴的典范,给学生一个可以经过摸爬滚打逐步走向成熟的机会。

此外,学生毕业前的实习是学生积累工作经验的重要途径之一。积极主动地为学生提供良好环境的实习基地,对我们来说是一项非常艰巨的工作,也同样是一项我们必须做的工作。让学生充分有效地利用毕业前的实习来积累自己的工作经验,弥补应届毕业生工作经验不足的缺陷。把企业引进来,把学生送出去,与企业所需紧密联系,通过校企合作,建立实习基地等方式,让学生在毕业前就能了解企业,深入企业,掌握基本技能,这样就缩短了没有工作经验、企业不愿接纳的期限。

(四)提高综合素质

从企业对日语专业人才综合素质的需求的调研结果上看,绝大多数的企业尤其是日资企业在责任感与事业心和团队合作精神一栏中做出了重点标注,这就是在提醒我们在文化知识的传授中同时要注重培养学生的综合素质。综合素质的培养绝不是通过刻意开设什么课,举办什么活动来进行的,而是需要我们在日常的教学过程中通过各种手段潜移默化地传授给学生,成为学生自身所具备的一种素质。诸如在《日文办公软件操作》课程中,首先应从指导和纠正学生的坐姿和指法做起,俗话说得好"没有规矩,不成方圆",尤其是日资企业,特别看重一个员工的坐、站、谈吐举止、待人接物等形象方面的问题,只有养成良好习惯,才会有严谨的态度,才能逐步培养一种能够在日资企业生存的工作作风。再如,在课堂上做指定文章实践操作时,可以有意识地将学生分成几个小组,让学生以小组为单位分工共同完成作业,并要求在上交作业前必须相互校对并签字后方可上交。教师根据综合成绩给每个小组打分,让学生们明白只有共同努力才会取得好成绩。通过这些方式就会在平时、自然中培养学生的责任心和团体合作意识。

一个人的综合素质的高低体现在面试过程中,因此应聘者面试时的表现、形象仪表、随机应变能力等都成为大多数企业考核应聘者的重要标准之一。为此在实践期间,可以举办日语专业学生的模拟公司、模拟面试大赛,并由有日资企业工作经验的教师进行现场指导。学生们在活动中表现积极,参与性高。通过模拟面试的实施,发现学生在面试中易出现的众多问题,并对出现的种种问题和错误及时给予归纳指正，不仅可以让学生的专业知识得到发挥，还让学生成为一名企业白领的综合素质得到提升，更重要的是给学生提供了就业准备的平台。诸如此种就业前的模拟公司、模拟面试是有必要并且是非常重要的。

三、解决方案

通过对日语专业毕业生的就业领域及岗位分析可以看出，现在的企业需要的不仅是基础日语单方面的人才，更需要全方位的综合性应用型日语人才。面对竞争激烈的就业形势，日语专业毕业生除学好日语外，还必须提高心理素质、掌握其他职业技能，加强实践工作能力、提高团队合作能力和增强沟通能力。

人的能力是人的综合素质在行为上的外在表现，而素质是能力的内在基础。教师要协助学生在自我肯定、抛弃自卑和增强自信的基础上做好心理调节和情绪调节工作。教会学生学会自我调节，自我控制心理和情绪的变化，才会有一个好的思维转换去适应各种条件下的变化。职业技能是标志着一个从业者的能力因素能否胜任工作的基本条件。包括专业技术能力和专业知识两方面，掌握专业知识是培养专业技能的基础。教师应在教学中可通过选修课、培训课等形式，适当添加提高职业技能的专业知识。

为加强学生实践工作能力，需要校方和教师的共同协作，为学生创造接触企业、接触岗位、实践操作的机会。除此之外，还需要教师带动和影响学生参与到科研活动当中，巩固和深化专业培养思想，从激发学生专业兴趣入手，逐渐提高学生的实践动手能力。在工作岗位，团队合作精神显得尤为重要。这就需要教师在日常教学中利用各种教学手段，激发学生各方面的特长，提高班级凝聚力。教会学生相互尊重，为团队营造良好的和谐融洽的氛围，让每个学生都能将彼此的知识、能力和智慧共享。长久以来，对于每个学生团队合作能力的培养都会起到事半功倍的作用。

良好的沟通能力是自我表达、自我展现的前提。沟通能力包含表达能力、争辩能力、倾听能力和设计能力。沟通能力看起来是外在的东西,而实际上是个人素质的重要体现,它关系着一个人的知识、能力和品德。一般来说,沟通能力指沟通者所具备的能胜任沟通工作的优良主观条件。教师要协助学生清楚自己的沟通范围和对象,以便全面地提高自己的沟通能力。通过此次调研,明确了企业对所需日语人才的具体要求。该调研结果对于我们来说无疑是个警示,为日语专业的教学改革起到了至关重要的启迪作用。它告诉我们提高日语专业学生的就业成功率,良好的日语基础是首要条件;良好的语言学习环境也同样不容忽视,不管是在硬件上还是在软件上都需要我们去共同营造、共同努力。在此基础上将三个课堂有效联动起来,将企业引进来,将学生送出去,及时制定适应市场、适应企业的教学改革方案,不断完善教学方法,做到企业需要什么我们就教什么,努力将我们的学生培养成能够在竞争激烈的就业市场上立于不败之地的良好日语基础、专业技能过关、有工作经验、综合素质良好的企业所需的综合性应用型日语人才。

第五章

跨文化交际视角下的日语翻译教学

第一节 文化与翻译

一、文化与翻译的相互作用

所谓文化差异,是指人们所在的生态和自然环境不同,其形成的历史、知识、语言、道德、信仰、思维方式、风俗习惯等方面也存在明显的不同。中日在文化上的差异使人们对同一理念、同一事物有着不同的理解和解释,有时甚至会产生误解。我们知道,语言与文化密切相关,而作为语言的重要组成部分,翻译必然与文化有着千丝万缕的联系。因此,如果不了解中日文化的差异性,就必然会影响翻译的准确与顺利进行。文化与翻译之间的关系密不可分,这主要体现在以下两个层面。

(一)文化影响翻译过程与策略

首先,翻译不仅是一种简单的文本转换,还是一种文化的传递。因此,翻译形式除受语言因素的影响之外,还受社会因素和心理因素的影响。可见,翻译什么样的作品、如何对其进行翻译,往往受到文化背景与特定文化环境的影响,还受译者本身的文化观念的影响。总之,文化对整个翻译过程都有极其重大的影响。

不同的文化在某种程度上会有一定的相似之处，但是由于地理环境、宗教信仰、风俗习惯等方面的差异，导致文化有着不同的内涵意义，这也是翻译的难点所在。翻译的过程包含理解、表达与校改三个阶段，在理解与表达这两个阶段的比较中，理解固然重要，但是最终的目的还是要将原文的真实含义表达出来。

例如，在一段人物描写或者一篇诗文中，其中都会夹杂着当时的社会文化因素，如风俗习惯、生活态度等，而译者的任务就是通过一种语言所固有的生活模式去阐述并再现另一种语言的生活模式。换句话说，就是要求译者对原语文化及其意义进行分析，然后将其传达给译语读者，实现良好的跨文化交流。然而，由于受自身的文化取向以及其所存在的社会背景的影响，译者在翻译的过程中会不自主地将其主观文化因素带入译文中，在一定程度上会让译文的文化视野存在一定的局限性，并且会让译文带有译语文化的时代烙印。

其次，文化差异也会对采用的翻译策略造成一定的影响。在翻译的过程中，不仅要对语言的表面含义进行分析，还要对语言的深层文化内涵进行探讨。由于不同民族文化的内涵不同，他们所采用的翻译策略也明显不同。

(二)翻译促进并丰富文化

翻译作为文化传播的纽带，对跨文化间的交流与发展起着越来越重要的作用，尤其是随着经济全球化的迅速发展，各国间的交流日渐增多，这些交流都离不开翻译的有效推动。翻译的过程就是文化交流的过程，翻译不仅缩短了各个国家和民族之间的文化距离，对彼此间的文化都有不同程度的理解与接受，这反过来也促进了各个国家和民族间的文化融合。用一句话来讲就是：翻译的顺利进行有利于促进并丰富各个国家的文化。

近几年来，随着时代的发展以及国际交流的不断深入，各国语言之间也在不断融合，汉语同日语的接触达到了空前的广度和深度，外来词也逐渐融入汉语文化中。

二、日语翻译中汉语对日语影响的研究

日本与中国有着两千多年的文化交流史,在语言文字方面,日语充分吸收的汉语文字精华,两种语言有着跟其他语言无法比拟的相似之处。但汉语与日语的语言特征又有着很大的区别,汉语属于孤立语,依靠词序和虚词来表示语法关系,语序相对固定。而日语属于黏着语,通过助词确定句子成分、句子含义,语序相对灵活。在翻译中,汉语对日语有大的影响,有好的影响也有坏的影响,本文从文字词汇、思维习惯、民族文化等方面浅谈在翻译中汉语对日语的影响。

(一)汉语文字、词汇对日语翻译的影响

1.日语文字由来

汉字传入日本后,不仅成了记录史实的文字,也是一般学者用以写作的文字,成为当时日本唯一的正式文字。《古事记》是日本古代第一部史书,书中有 1507 个汉字,《日本书纪》是日本第二部史书,书中有 3513 个汉字。根据《古事记》《日本书纪》等记载,于应神天皇十六年,《论语》《千字文》等汉文书籍,随着冶金、纺织、农耕等汉文化传播到日本,由此形成了一个连续的汉字文化区。经过几个世纪的发展、完善,直到 7 世纪汉字才正式成为日本的文字。汉字传入日本后,不仅促进了日本古代文化的进步,也促成了日本人借用汉字草体创造了平假名和借用汉字楷体的偏旁部首创造了片假名。虽在 1866 年,一些日本文字改革者主张废除汉字,但至今汉字仍未在日文中废除。由此可见,汉语对日语文字的形成和发展起到了不可磨灭的推动作用。

2.汉语文字、词汇对日语学习正迁移

当汉语的某些特征与日语的某些特征相似或者完全一致时,就会产生正迁移的积极作用。因为汉字传入日本是在汉朝以后,所以可以说日本人最早接触到的汉字字体大部分是与现代汉字字体同

形。日文里很多的词汇与汉语词汇是同形同义词的，如：

①描述自然现象的名词：春、夏、秋、冬、天气、风、雨、雪、霜、雷、梅雨、台风。

②描述事物的名词：山、水、温泉、公园、学校、食堂、银行、船、广告、音乐。

③方位名词：东、西、南、北、中、前、后、左、右。

④地点专有名词：中国、日本、北京、东京、上海、西安、广岛、京都、名古屋、奈良。

⑤动、植物名称：虎、犬、鱼、猫、鸟、松、梅、竹、花。

⑥家庭称谓名词：父、母、兄、弟、姐、妹。

⑦固有名词：京剧、故宫、太极拳、富士山、柔道、相扑。

⑧生活物品名词：电话、杂志、椅子、眼镜、伞、车、寿司、茶、红茶、绿茶。

⑨身体部位词汇：目、鼻、耳、齿、舌、手、口、肩、胸、腹、唇、发、腰。

这些词汇对日语学习产生了正向迁移的作用，给以汉语为母语的学习者提供了很多的便利和优势。可以说汉语的认知水平直接影响着日语的学习，所以在翻译中要积极发挥母语优势，提高其对日语汉字词汇的理解和运用。

3.汉语文字、词汇对日语学习负迁移

当汉语与日语的差异微妙时，而学习者仍旧依赖母语的特征来做出错误的判断时，往往产生负迁移作用。如："娘、丈夫、人参、手纸、汽车、看病、亲友、兄弟"这些词与汉语的意思大相径庭，若不加以重视，直接套用汉语思维，在翻译时很可能曲解作者的原意，如日语中的"丈夫"，对于汉语为母语的日语学习者，第一反应就是中文里"妻称夫为丈夫"的意思，但日文里是"坚固、结实、健壮、健康"的意思，两者一对比就发现意思迥然不同，若平日里不够重视，很容易出现笑话。

有汉字的地方，对于以汉语为母语的日语学习者，基本上可以很

轻松翻译出来,但有两处会被汉语误导,吃闭门羹:第一处是「勉強」,从汉语的角度来看,是"难为情"的意思,可日语里是"学习"的意思;第二处是「没頭」,汉语字面意思是"没有脑袋",正确的日文意思是"埋头苦干"。

从这个例子,我们可以看出有些词汇形同但意思有着天壤之别。所以,以汉语为母语的日语学习者在学习日语时,要刻苦钻研、严谨笃学,培养良好的学习习惯。

(二)汉语思维习惯对日语翻译的影响

1. 语序的困扰

翻译是一种语言活动,更是一种思维转换活动。在翻译中,若用中国人的思维方式去理解日语表达,会发现翻译出来的句子不通顺,难以理解中心意思。最明显的差异是汉语里句子主干顺序是"主谓宾",而日语是"主宾谓"的顺序。因此在翻译时,不能受母语定势思维,要灵活调整语序,以符合汉语表达习惯,清晰转达语言内涵。

抗战片里常有这么一句滑稽幽默的台词:"你什么的干活?"经常有人有声有色地模仿,并乐在其中。没学过日语的人,一笑而过,学过日语的人,知道这是个病句,只因日语的语言思维表达与汉语思维表达有区别,日语是"主宾谓"结构,而主语很多时候又会省略掉,所以根据汉语的思维逻辑,正确翻译是:"你是干什么的?"

2. 助词的困扰

日语是黏着语,依靠助词或助动词的黏着来表示每个单词在句中的意思,因此要想学好日语,掌握助词和助动词的用法是极其重要的。每一个助词都有各自的用途,且每一个助词有好几种甚至十多种用途。

日语助词的用法是丰富的、灵活的,日语语言思维跟汉语语言思维有很大的差距,所以在翻译时切记不能忽略助词的意义,或只单纯记忆一种用途而忽略其他的意义用途,仅凭汉语独立语思维去猜测、揣摩句子意思。助词是日语区别汉语的一个显著特征，所以助词的用法和意义的掌握是学习日语的重中之重。

3. 暧昧语的困扰

日本人说话含蓄、委婉、谦和，喜欢绕圈子；而中国人说话直爽，清晰表明态度。学过日语的人都知道，日语表达中最显著的特征之一就是：暧昧。暧昧的语言反映了日本人崇尚"和谐之美、不完全之美、朦胧暧昧余韵之美"。日本人不论说话还是写文章，甚至在正式的场合、文件当中，都使用让人模糊、似是而非的暧昧表达。对以汉语为母语的日语学习者，在翻译时很是困扰、拿捏不了尺寸，很难翻译出日本人的内心情感。这种暧昧表达方式与历史、社会文化、人文情怀、审美观念等息息相关，日本人很重视这种暧昧表达方式，被认为是最美的最优秀的语言。日本人甚至在学术论文中也用「うろあで」等推量、不确定的表达口吻，虽备受国际争议，但日本人仍然坚持着这样的表达方式，足以显示暧昧语言的魅力，可以说暧昧语是日本的国民文化，根深蒂固，所以在翻译日语时，要特别重视这样的语言表达思维差异，同时要尊重对方的语言表达特征。

（三）民族文化对日语翻译的影响

语言不仅是符号，也是文化的载体，受社会习俗、价值观念、生活方式等方面的影响与制约，语言和文化密不可分。在中日文化交流中，由于文化差异，时常出现一些误解甚至冲突。不同的民族孕育不同的文化，中日两国就是在不同的地域环境中形成各自不同的民族文化。日本是一个典型的海洋文化和岛国文化国家，很多词汇与海洋和鱼类有关。而中国属于大陆文化，很多词汇都有着大陆文化的印记。

如中国人用"挥金如土"这个成语来形容"人花钱慷慨或挥霍无度"，而日本人会说「湯を飲んでみたいな」，大致翻译成中文就是说"像喝水似的"。如脚掌或脚趾上角质层增生而形成的肉刺，中国人形象地称为"鸡眼",这是因为大陆文化以农牧为主;而日本是海洋文化,接触鱼类较多,故称之为「鱼目」。不同国度由于历史、地理环境、宗教信仰等不同,所孕育的文化、语言也有差异,在翻译时要注意中日文化差异,提高文化修养和综合素质,才能更好地从事翻译工作。

第二节 跨文化交际视角下常见的翻译问题

一、中日翻译存在差异性的成因

(一)对比语言习惯的差异化

不同民族文化会出现相似或相同的情况,就叫做文化的偶合现象。不同的民族、不同的历史和不同的地理环境、不同的宗教信仰,产生对经历和事物迥然不同的表达方式,使人们有特殊的崇尚、笃信与忌讳的心态。各自不同的发展进程也诞生了各自的典故和历史。例如,汉语中的"轮回""八卦""阴阳""龙"等,对于不了解中国文化的人而言,他们会感觉难以理解。中国人虽然也喜欢狗通人性、聪明特点,但一般来说"狗"给人的负面印象更多,例如"狗仗人势""狗腿子"等。日本人不会将"势利""小人"的词语和狗相联系,他们不会了解"痛打落水狗"的感觉。不仅语言本身具有文化内涵,人们的思维方式、宗教信仰、生活方式都体现出深厚而独特的文化底蕴和背景。

(二)对比词汇联想的意义

词汇联想的意义即:这个词汇对于读者而言,运用联想所感觉和领悟到的超过词汇本身的附带意义。因为中国和日本人民思维方式、文化以及生活习惯的差异性,有的时候一个词语就会让人浮想联翩。色彩描述的不同能体现出联想具有的差异性。颜色经常由于文化和环境不同,其代表的意义也各不相同。在汉语中,粉红色也称之为桃花色,可以代表女性,当男女间出现不正当关系可以叫作"桃色新闻"。而日语中,粉红色只是颜色的一种,是红色的分支,没有引申的意思。汉语中运用白色来体现悲哀,丧事中,亲人们穿的丧服全是白色的。而日语中想体现悲哀情绪则使用黑色,人们参加葬礼一般穿黑颜色的衣服。日本人用纯白色作为婚服的基本颜色,包括婚服的全部服装配件也使用白色,其寓意是"白无垢",象征着新娘的洁白无瑕。此外"白无垢"也代表一张白纸,表示新娘婚后的个性也要像没有经过印染的白纸,将出嫁前的不良习惯全部抹去,重新学习夫家的为人之道和家风习俗。颜色具有的象征意义在各个民族文化中的解释不同,从本质上看,我国文化中颜色的意义来自封建迷信、封建统治以及原始科学。例如"黄色"象征"皇帝、皇权",所以大多和皇帝、皇权相关的物品,如:龙椅、龙袍等皆选择用金黄色为主导颜色。词汇的联想意义可以让语言更幽默、生动、亲切。

(三)对比语言环境的差异

汉语和日语词汇在语言区域方面具有明显不同,所寄托和承载的意义深度和广度就有很大不同,语域范围大小不同的情况比较多。如汉语中体现亲缘关系方面的语域比日语高。汉族有史以来在生活和生产中特别注重家族血缘关系,汉族家谱的树形图比日本民族的家谱更复杂和详细。例如,在汉语中,叔叔、伯父、舅舅、姨夫、姑父等称谓都是与自己父亲同辈的亲属关系,而在日语中只用「おじさん」来表示;而舅妈、姨妈、伯母、婶婶、姑姑等称谓,在日语中运用「おばさん」来表示,难以显示出比较细致的亲疏和血缘关系。在日语中其他词也能够体现出语域上的不同,例如"足"能代表腿也能代表脚;"兄弟"不只表示兄弟也可指代姐妹。由于日本和中国这两个国家的社会制度、宗教、习惯的影响因素不同,使其形成了各具特色的语言表达形式。语域差异对语言的影响,两种语言中有很多看似词义相同的词,而词语的文化内涵却各不相同。

二、日本文化解码

(一)影响翻译的日本文化简述

语言、文字虽也表现文化,却是文化的微观反映,要从宏观上把握文化,更从要对一种文化宏观解码,可简化为通过对代表或评定这种文化的权威书籍或理论、国家象征、心理习惯、行为习惯、精神及物质成果等方面的分析,来把握一种文化。从文化主体来说,这种文化的代表性象征,就是国民性。

1. 权威理论

权威理论,是指得到国内、国外认可的理论,既有著名国内学者的理论,也有著名国外学者的观点。这两种理论中相同或相近的部分,才能称之为该国的国民性。因为国内、外著名学者的研究,是克服了视角片面、情感倾向导致扭曲本质、类别文化主体的个别价值观,不一定能代表其主体价值观等问题,集国内、外各家研究之所长,对该国国民性做过深入而全面的剖析后得出的结论,这样的理论才可能得到国内、外的一致承认,或广泛认可。权威理论的典型象征是一个国家公认的,对其国家民族影响最大,或对其民族价值观做出最系统、权威论述的书籍或理论、思想体系。如代表中国文化的儒家思想,代表书籍有《论语》《孟子》《朱子语录》《四库全书》等;体现日本文化的武士道精神及代表性书籍有《武十道》《菊花与刀》《劝学》等。

2. 国家象征

国家象征是该国国民自行公认的国民性表征,往往利用该象征的某一个或多个特征来隐喻该国的国民性。譬如,中国人把长江、长城和牡丹作为中国的象征,即是借用长江的绵延千里、浩浩荡荡、流域面积广大等来喻示中国历史的悠久、绵长。长江作为母亲河孕育了广袤大地上(各个地方)一代又一代的中国人,是国人对它的一种感恩;绵延千里、无一断流,则喻示了中华文明未曾中止,顺应历史潮流奔腾向前;最终注入大海,则喻示着中华文明与世界文明的交汇;牡丹则喻示着中国人一直以自身文明为骄傲,具有远大追求的国家目标。日本人将富士山和樱花视为自己的民族象征,体现了日本人独立处世、干净做人的民族信念。

3. 心理习惯

心理习惯可谓一个民族价值观的心理图谱,它决定并影响着其行为习惯。日本人的两种心理习惯可以代表其文化特征:

①日本社会对"礼"的重视可以说超过了世界上的大多数民族。

②"内外"有别的心理习惯。

而"礼"是身份意识、等级意识和团结意识的外在体现,其核心可以概括为以下两点:

①不给他人添麻烦。

②不让他人不快。

内外有别的心理习惯体现在:对内是「本音」,即"真心话";对外是「建前」,即"场面话"。

从这两种心理习惯,可以得出以下结论:

①日本人思考问题和采取行为时会考虑其他人的感受。

②内外有别说明日本人有明显的排外性。

4. 行为习惯

以上两种心理习惯,决定了日本人在采取行为时总会思考:别人怎么想,我该怎么做？并由此决定自己的定位,选择适当的语言体裁和行为方式表现出来。日本人的这种行为习惯,可谓是上述心理习惯身份意识、团体意识和内外有别意识的突出表现,是日本人极强的环境适应性和具有悠久传统的强权崇拜性的反映。

(二)日本的国民特征

1. 集体观念

日本人的集体观念主要体现在以下几个方面。

(1)樱花精神

樱花是日本的国花,樱花精神被看作日本国民性的象征。与其他的花不同,樱花的开放不是花蕾成熟一朵就开放一朵,而是许多花蕾成熟后一起开放。这被喻为日本集体意识的象征。也有人认为,樱花凋谢时也不会腐烂的特征被喻为日本人"活要活得干净,死要死得干脆"的观念。

(2)义理意识

义理意识,可谓日本人的社会责任感。主要体现在两个方面,一是受恩与报恩,二是义理。这两个方面表现了日本人对整个社会的责任感。

(3)敬业意识

从文化心理上说,日本人的敬业意识是受佛教的影响,专注工作,就如同潜心修炼,最后一定会修成正果。

(4)集体意识

日本人的集体意识,主要表现为个人利益服从全体利益、局部利益服从整体利益、短期利益服从长远利益等意识。今天的日本,无论是事业还是企业单位,也无论是个人还是组织(领导层),是主动还是被动,为集体利益而牺牲个人利益的事例屡见不鲜,可谓日本人集体利益意识的显著体现。

日本人的这些意识,可谓其心理意识的集中体现,且这些心理意识,一般是通过行为表现出来的,体现了日本人的社会观中人与社会的关系。

2. 等级/礼仪观念

最能体现日本人注重礼仪、等级观念重的文化现象是日语发达的敬语体系。它分不同时间、地点、话语对象,而使用不同的语言体裁。尤其是话语对象,要根据话语对象的不同身份、地位、心情、境遇、性别等使用不同的语体。与人打交道时,日本人总是根据自己的身份、地位采取行动。每次行动前,他们总会想:对方怎么想,我该怎么做。伴随敬语的是各种肢体语言及行为语言,即日本复杂的礼仪体系。这套体系的核心是尽量让话语对象舒服、不给对象添麻烦、不使对方为难。落实到具体行为或场面,则有详细而复杂的表现形式。仅以鞠躬而论,就既有15°的轻轻点头致意、45°的一般性问候、90°的深度鞠躬等不一而足。同时,对手、眼神、面容等均有要求。如一般情况下,要求双手自然下垂、眼睛看着地面、面带笑容、语气柔和等。所有这些,为日本的国民形象赢得了良好的口碑。大多数去过日本的人都会认为,跟日本人打交道很舒服,日本的国民素质很高。甚至有人认为,当今世界上,唯一可以称得上"礼仪之邦"的国家可能就是日本了。

这种观念对日本人的行为习惯也有负面影响,比如,为避免矛盾、给对象施加不快等,日本人一般对对方的请求不会直接拒绝,也就是基本上不会说"不"。这样的行为习惯让欧美等国家的人感到与日本人打交道时无所适从,中国人也会觉得感情上不爽朗。这可能也是"二战"刚结束时美国企业到日本投资大多铩羽而归的缘故吧。另一种诟病是,到了文明社会,还以身份、地位、性别等为标准进行人际交往,是一种落后的表现。此外,复杂的敬语体系,也为外国人学习日语增加了难度。日本人的等级或礼仪观,以及国体、政体等的选择,均可谓社会观中人与人关系的体现。

3. 天人合一观念

受中国儒家、道家思想的影响,日本人强调与大自然和谐相处,天人合一的理念较为强烈。体现日本这些观念的文化现象是神社、神道教派以及今天强烈的环境保护意识等。日本神道的神多为自然神,如天照大神等。这种人与大自然的关系,可谓日本人自然观的集中体现。

三、日本文化中的语言解码

(一)日本文化视角下的自谦语

所谓"自谦语"是通过降低被表达事物中的动作主体(有时包括该主体的所有物)的手段,从而达到抬高被表达事物中动作对象的目的而实现的一种敬语表达方式。这种敬语,也有学者称为"受事者敬语",可以说是一种间接的敬语表达方式。例如:

①お客様をご案内する。/给客人领路。

②社長のごを伺って来てくれ。/你去问一下总经理的意见。

上述例句中的「ご案内する(领路)」「伺う(询问)」就分别是一种降低"领路人""询问者"姿态的表达方式,从而达到对"被领路""被询问"的"受事者"尊敬的目的。这时,尊敬意识的走向是:

说话人(話し手)→话题中动作的受事(話題の中の動作の受け手)

自谦语还有一种情况经常使用,这就是在会话现场表达自己或者自己一方人物的动作时。例如:

①私が案内いたしょう。/我来领路吧。

②父は明日四国へ参ります。/我父亲明天要去四国。

上述例句中的「案内いたす(领路)」「参る(去)」的主体分别是「私(我)」、父(我父亲)通过这种降低自己或者自己一方人物姿态的手段,从而达到对在场听话人的尊敬。有学者称为"自我谦卑",这时,尊敬意识的走向是:

说话人(話し手)→听话人(聞き手)

因为此时的尊敬意识走向是对着听话人的,所以即使动作的对象(即受事者)是自己一方的人物也不为失礼。

1.含有自谦意义的特定动词

申す・申し上げる(言う)/说

いただく・頂戴するもら/要

伺う・承れる（聞く）/问

存じ上げる（知る）/知道

2. 含有自谦意义的动词形态

①使用「お（ご）……する」「お（ご）……申し上げる」的形式（多见于受事者敬语的用法）。

お話する・おし申し上げる（話す）/讲

②使用"……いたす"的形式（多见于自我谦恭的用法）。

說明いたす（說明する）/说明

案内いたす（案内する）/领路

3. 将「いにだく」「さしあける」等作为助动词使用

說明ちせていただく（說明する）/请允许我说明

說明していただく（說明してもらう）/请给予说明

說明してさしあげる（說明してあげる）/给您说明

(二)日语文化视角下的敬语

1. 敬语的主体精神

敬语可以说是日本语言之魂,然而在战后日语的敬语表现成了「斜陽族」。敬语之所以如此,主要是"二战"后日语敬语表现与"二战"前有很大不同,"二战"前敬语依赖于明晰的纵向社会结构而存在,而"二战"后,敬语表现平等精神,即使使用"谦称"的敬语表现也并不一定表示低人一等;位居上者也不能轻视下属。现今的敬语精神主要体现在「敬う＋思いやり」（尊敬＋体谅）上。如果老板对部下这样说:「おい、車の用意なしておけよ！」就不如「車の用意なお願いします」,这样的语言表达效果好。

2. 敬语崇尚自然流淌的旋律

从传统上看,多意义的助动词「れる」和「ろれる」,其意思排列应该是「自発・受身・尊敬・可能」这样一个顺序。由此,可以看出日本"崇尚自然流淌"的文化底蕴。最具代表性的敬语表达句式是从「お読みたなる」「二出発たなる」等表达方式中抽象出来的「お(二)へたなる」的句型模式。此处的「たなる」表达与「夏が過ぎて秋になる」「いつの八問たな大人たなる」中的「たなる」都具有同样的水到渠成的效果。作为谦语的「いにたく」,来自「雪をいただぐ山夕」「頭の上にのせる」的用法,总之给人一种压抑感。

人类如果不像鲁滨孙那样独居孤岛,而是以群居的方式生活在社会中的话,相互间就要有起码的表示敬意的规则。敬意表达来自多方面:可能由于对方年长,或某方面值得敬仰,在政治、经济上的影响力,单纯出于尊敬的心情……这对一个民族来说必不可少。在日本歉意表达中不一定非用语言不可,假如进入有地位的人物的办公室,资历浅的年轻人一般都在门边站立,有些资历的人员大致在门口与主座之间的位置,总之资历越高越靠近主座。这时,进来一位办公室主人的上司,主人则会谦恭地将上司礼让到主座的位置。如此场面,通过自觉和自律,把敬意表达得很清楚。

3. 敬语成立的条件

关于对敬语概念的规定,从古至今众说纷纭而没有定论,但是有一点是共同认可的,即"表示敬意的语言"或"表示尊敬心情的语言"。然而,这虽然是普遍认可的定义,却并不全面。

不言而喻,"敬语"一词出现的当时,是作为表示敬意的语言考虑的,因此才得此名。但是,从现今敬语的使用状况来看,敬语很少真正用来表示敬意,而是用来表示上下、亲疏、恩惠等关系。即表现主体从自己的角度看,认为对方或话题中的人是上位者、疏远者或是给予恩惠的人时才使用敬语。对于这样的人,表现主体并不一定具有敬意,因此可以认为敬意的有无与敬语的使用并不是完全一致的。

然而,将对方或话题中的人作为上位者或优势者认识,并基于这种认识使用相应的语言形式即敬语,其本身亦可视为敬语表现,在这种意义上可以说现代敬语与敬意亦并非无缘。在现代社会,人们仍然习惯让长辈坐正座,见到上司主动打招呼,这当然是一种社会习惯性的行为,但一般也认为这是对长辈、上司表示敬意的行为。在这种意义上,对这些人使用的敬语,亦可视为敬意的一种表达方式。

敬语既然是语言,作为敬语成立的条件就应该具备语言成立条件的三要素——表现主体、表现客体和表现素材。但敬语却不能仅凭此条件而成立,它还需在这三要素的基础上加上一个向上的人际关系的认识,即所谓的敬意的存在。就是说,表现主体在就某人某事的叙述时,在与对方的关系方面需持有上述上位者待遇意识(敬意),并且有将其反映到语言形式上去的意图。就此来说,敬语与敬意不但不无关系,而且还具有密切的关系。敬语成立的条件中,语言的成立条件是基本且必要的,同时向上的人际关系认识即敬意的存在也是不可缺少的条件。这样,如何把捏向上的人际关系便成为一个重要的课题。作为敬语成立的基本条件之一,现代敬语意识产生的条件是什么有以下四点。

(1)上下关系

用"上下"表示人与人之间的关系在大多情况下是比喻性的,其中既包括地位的高低、年龄的长幼、序列的先后,还包括优劣、强弱等关系。在人类社会中,存在着各种各样的可以用"上下"表现的关系,但这里论及的是与语言表现,尤其是与敬语表现相关的"上下"关系,虽然以身材的高低、视力的优劣也可以排列人们的秩序,但是这在今天的日本语言生活中却与敬语毫无关系。

(2)亲疏关系

与上下关系相同,亲疏关系亦是现代敬语成立的重要条件。对疏者使用敬语,对亲者不使用敬语是现代日本社会生活中公认的行为方式。

以亲疏论社会关系,首先是血统关系和非血缘关系。一般来说,家庭成员和亲属属于"亲"者;其次是扩大的家族关系,即社会群体。

日本是半宗法的群体社会,人们把自己所属的公司、学校都视为"家",以区别于其他社会群体,构成"内""外"意识。"内"者"亲"也,"外"者"疏"也,这是一般法则。最后是心理上的亲疏情感。一方面是虽为同一社会群体成员,但由于刚刚加入等原因,心理距离还没有消除,故需较多地使用敬语,随着时间的推移和感情的建立,亲近起来后,敬语使用的也就越来越少;另一方面是虽不属于同一社会群体,但是心理上接近的个人关系仍然存在。因此,所谓"亲疏"关系,常常是因心理变化而产生的,而不主要是社会关系的变化。

(3)利益关系

在现代人类社会,人际关系在很多情况下是与利益授受密切相关的。利益关系亦是现今敬语成立的条件之一,例如医生与患者、教师与学生、顾客与售货员、贷方与借方、被求助一方与求助一方,都由利益关系结合在一起,前者为利益的授予一方,后者为利益的收受一方,构成一种复杂多变的人际关系。在敬语使用上,前者通常为上位者,后者对其使用敬语。利益关系有时是临时性的、一次性的结合,利益关系一旦消失,即不再成为敬语成立的条件。

(4)性别关系

在日本,由于历史及社会的诸多原因,男女因性别差异在语言使用上存在很大差别,其中女性语言的特点在很大程度上是由敬语表现出来的。在性别关系上,一方面是女性对男性较多使用敬语,如妻子对丈夫、姐妹对兄弟、女职员对男职员等,即使年龄、亲疏、利益等关系没有差别,前者对后者使用敬语是必然的态势。女性的敬语使用有两方面的性格,一是受到强制不得不用的消极性格,二是为表现自己的女人味儿和证明自己是有教养的人而使用的积极性格。另一方面男性对女性相较同性使用敬语的意识强,如男教师或男学生与女学生谈话时较与男学生谈话时使用的敬语多。这一种可能是出于现代社会对女性的尊重心理,另一种可能是受习惯使用敬语的女性感染所致。

第三节　跨文化视角下汉语新词的日译研究

一、汉语新词日译的跨文化意义

（一）汉语新词日译的重要性

随着中国发展速度的加快，政治文化层面的信息不断更新，反映这种新发展变化的新词也大量产生。例如，"精准扶贫""互联网＋""新常态"等，这些词带有丰富的文化内涵和中国时代特色，也成为对外宣传的文化负载词。

如果能正确翻译这些承载着文化内涵和时代变化的新词，可以更好地宣扬中国形象，也能让更多日本人了解中国的动态和进步，更加直观地理解我们的文化，从而推动两国政治经济文化的深入交流，促进各方面的合作。因此，译者应该更加重视这些新词的翻译。

然而，时事类新词的翻译确是难点，因其影响力大、受众广，译文在日本的传播将影响中国形象。但这些新词的日译几乎只在日媒对中国时事热点的报道中出现，有些是直接援引中方媒体译文，有些是采取归化翻译法将其本土化。由此可见日本读者对中国新事物的了解途径狭窄，以及外宣翻译的重要性。为了更好地介绍中国文化和传达新时代的新倡议、新思想，减少异文化差异带来的摩擦，译者在时事热词的日译问题上应该多下功夫，从而更好地服务中国文化"走出去"。

（二）翻译的文化转向与汉语新词日译的关系

20世纪80年代以前，翻译理论家几乎都专注于纯文本方面的翻译研究，很少探讨文本以外的其他因素。但是，随着翻译理论研究的不断深入发展，研究对象也逐渐发生了转向，包括从原文转向关注译文，从语言学层面转向社会文化层面等。在此大背景下，翻译理论学派产生了一个重要分支——翻译文化学派。

文化学派在研究翻译时不再专注于文本的语言学层面,他们更注重文化因素对翻译的影响以及翻译在文化中起的重要作用。文化学派认为翻译的基本单位是文化,而并非传统意义上的单词、句子或篇章。在翻译的目的上,文化学派认为是为了使译文在译语文化中的作用与原文在源语文化中所发挥的作用对等。文化学派及其理论研究成果在翻译学界逐渐被认可且越来越受重视,正日益成为翻译理论研究的主流。

因为在中国翻译研究正迫切需要新的研究因素和支撑理论时,文化学派翻译的全新翻译观点被引入我国,所以在中国被迅速接受并广泛传播,也深刻地影响着中国的翻译理论研究,冲击了中国的传统翻译学派,同时,给整个翻译学界带来了新的观点,提供了新的研究视角。文化学派的翻译理论激发了中国翻译学界对翻译理论研究的重新思考,给中国翻译界带来了新启示,使我们也开始对中国传统翻译理论进行反思,是笃信"信、达、雅"的三字箴言,还是结合文化学派的理论,在翻译过程中更注重文化层面的对等。对此翻译学者们进行了激烈的探讨与争论,这种观点的激烈碰撞在一定程度上推进了中国的翻译研究,比如深度地探讨了翻译的本质、翻译的目的、对翻译理论的受容与中国传统翻译理论的并存问题,甚至讨论了将翻译作为一门独立学科的必要性等。不仅中国翻译界呈现出一片百家争鸣、百花齐放的景象,也加强了与外界的学术及文化的深入交流。

可以说文化学派翻译理论对于翻译文化层面的探析,促进了文化对等与归化翻译和异化翻译法相结合,为归化与异化翻译的标准提供了一个重要衡量依据。同时文化学派翻译理论,也为汉语新词的日译研究提供了新的理论基础和新思路。

二、汉语新词日译对策

(一)汉语新词日译的异化翻译法

1. 直译

直译是指在译入语中无对应文化负载词时所采用的翻译方法。

直译旨在弥补文化空缺现象或难译、不可译的问题。这也是时事类新词中最常用的翻译方法。一般而言,当一个新词刚出现的时候,可能中国人也未必能立刻准确地理解其真实的含义,所以除直译外还需加注或进一步说明解释,以帮助译入语读者更好地理解其内涵。一旦这些新词的翻译固定下来或被日本读者了解接受后,就可以直译不需要再加以解释或加注。

原文:元宇宙(Metaverse)是指一个由虚拟现实(VR)、增强现实(AR)和互联网技术构建的虚拟空间,在这个空间中,人们可以通过虚拟身份进行互动、社交、娱乐和经济活动。元宇宙概念最早出现在科幻小说中,但随着技术的发展,越来越多的企业开始探索和投资这一领域。

译文:メタバース(Metaverse)は、仮想現実(VR)、拡張現実(AR)、インターネット技術によって構築された仮想空間を指します。この空間では、人々は仮想のアイデンティティを通じて交流、ソーシャル、エンターテイメント、経済活動を行うことができます。メタバースの概念はもともとSF小説に登場しましたが、技術の進歩に伴い、ますます多くの企業がこの分野を探索し、投資を始めています。

分析:在这个例子中,"元宇宙(Metaverse)"是一个全新的术语,指的是一个由虚拟现实、增强现实和互联网技术构建的虚拟空间。由于该词汇在日语中没有现成的对应词,因此采用了直译的方法,将"Metaverse"直接音译为"メタバース"。为了弥补文化空缺现象,并帮助日语读者理解,译文中使用了直译并附加了括号内的英文原文(Metaverse)以及对其含义的进一步说明"仮想現実(VR)、拡張現実(AR)、インターネット技術によって構築された仮想空間"。这样,在新词刚出现时,读者能够通过加注和解释更好地理解其内涵。一旦这些新词的翻译固定下来或被日语读者了解接受后,就可以直接使用"メタバース"进行翻译,不再需要附加解释或加注。

2. 音译加注解

汉译日时，音译是用与汉字发音近似的日语片假名来标记人名、地名、专有名词等的翻译策略。音译就是语言层面的转化，它保留原语的读音而不传达原语意义。此外，日本深受外来文化的影响，从外来语的庞大数量可见日本社会对外来文化的受容度极高，这意味着日语也能接受汉语的音译词并可能在日本社会中固定并流传，采用音译法将汉语的新词译成日语时，既保留了原语的读音，又尊重译入语文化。

原文：微信支付和支付宝两大支付平台改变中国人的消费模式的同时，在国外也越来越受欢迎。

译文：微信支付（ウィーチヤットベイ）と支付宝（アリペイ）の2大モバイル決済プラットフォームが、中国人の消費モデルを変えると同時に、海外でも歓迎されている。（「人民網日本語版」2018－03－01）

分析：微信与支付宝等在日译的时候一般采用音译的方式，在有对应英文名称时一般会以英文为音译的基准。类似这种在海外也具有高人气的中国公司或产品一般都采取音译的翻译方法，以便保留源语的品牌文化，如微博（ウェイボー）、腾讯（テンセント）、阿里巴巴（アリババ）、淘宝（タオバオ）、百度（バイドゥ）、土豆网（トゥードゥ）、华为（ファーウェイ）、天猫（テンマオ）等。另外，像人名、地名、政府单位、会议名称等相对固定的专用名词一般直接采用音译法，在特殊情况下需要加注释。

3. 借用

借用翻译法指译者将译入语或其他语言中的相似的词汇或者套用在原语翻译中，通常使用一个英语中介词汇实现中日之间语言的转换。而汉语新词的来源存在这样的现象，有些词汇源于其他国家如美、英等发达国家，但在我国属于新词或刚流行起来，遇到这种情况译者就可以考虑追溯其词源，借用已存在的语言进行翻译。而作为承载文化信息的载体,这些外来语本身就具备源语的文化内涵,而日本一直在积极吸收外来文化,对于西方文化的受容程度高,因此再翻译成日语时也更加容易让日语读者接受。

原文:高铁网络、电子商务、移动支付、共享经济等引领世界潮流,这一切,都源于我们实施的创新驱动发展战略。

译文:高速鉄道ネットワーク、電子商取引、モバイル決済、ミェアリンゲエコノミなどが世界の趨勢を牽引していることは。中国が実施したイノベーミョン主導型発展戦略に端を発している。(「中国網日本語版」2018—03—19)

分析:"移动支付""共享经济"等新词都能在英文中找到对应词的情况下,利用英语单词作为中介进行日译是最理想的翻译方法,这样不仅体现汉语新词的"新"的特征,在跨文化交际和全球化大背景下,使用外来语比将汉语直译更能让日本读者接受,所以这种借用翻译法是能达到跨文化交际目的的高效率翻译方法。

(二)汉语新词日译的归化翻译法

所谓归化翻译法,就是译者用译语的表达方式来表达原文本的内容,尽量使译文向读者靠拢,强调译语表达的特征,译文要自然流畅,即最大限度地意译。

简言之,归化翻译就是要把原文本土化,以译文或译入语读者为中心,采取译入语读者习惯的表达方式来传达原文内容,以便读者更好地理解译文,增强译文的可读性。时事热词翻译不仅要准确反映原文的实质内容,还要易于读者接受,增加可读性。翻译过程中要注意可能会影响译文读者理解的因素或者文化空白现象,让译文读者可以直观地理解译文是译者的义务和职责。但如何在译入语中填补文化空白现象值得商榷。归化翻译不是简单的语言转换,也不是译者的随意发挥创造得以达意,因为词汇承载着文化信息,需要译者多加思考,在充分解读文本和原语文化之后发挥创造力进行文化空白的填补,以避免文化误读或误译现象。纵观中国翻译史,林纾、严复也深受归化翻译法的影响。本文将列举归化翻译的策略中的意译、释译、加译进行分析。

1. 意译

这里的意译是相对于直译和音译而言的，指根据原文的大意进行翻译，翻译句子或词组时经常用到。采用意译翻译的译文更容易理解，简洁明了，减少歧义。但是意译不等同于归化翻译，意译的关注点是语言文字，而归化翻译关注的是文化层面。

原文：共享经济是一种基于共享资源和服务的新型经济模式，通过互联网平台连接供需双方，实现资源的高效利用和价值最大化。近年来，共享经济在全球范围内迅速发展，覆盖了出行、住宿、办公等多个领域。

译文：シェアリングエコノミー（共享经济）とは、リソースやサービスを共有することに基づく新しい経済モデルであり、インターネットプラットフォームを通じて供給側と需要側を結びつけ、リソースの効率的な利用と価値の最大化を実現します。近年、シェアリングエコノミーは世界中で急速に発展し、移動手段、宿泊、オフィスなど多くの分野に広がっています。

分析：在这个例子中，"共享经济"是一个新兴的经济模式概念，由于日语中没有完全对应的词汇，因此采用了意译的方法，将其翻译为"シェアリングエコノミー"。这种翻译方式关注语言文字的表达，将"共享"翻译为"シェアリング"，直接传达了原文的核心概念。此外，为了使日语读者更好地理解这一新词，译文中添加了汉字原文（共享经济）并进行详细解释，描述了共享经济的基本原理和应用领域。这种解释帮助读者清晰地了解共享经济的概念和发展趋势，使翻译更加简洁明了，减少了歧义。通过意译，读者能够迅速理解和接受这一新兴的经济模式。

2. 释译

新词通常在最新最热的政治文化事件中产生，若根植于本土文化的话，译入语中一般很难找到相应的文化或社会现象，也就意味着译者很难在第一时间找到对应文化负载词。由于中国与日本之间存在很多的社会文化差异，有些情况也不适用直译加注释进行翻译。为了完整地将这种文化传达出，只能附加解释说明性进一步阐释原文，这样即使译入语读者的文化背景不同也能更好地理解译文，达到跨文化交流的目的。值得注意的是，释译与意译的区别在于，意译不拘泥于原语的语言结构，让译者发挥的空间更大，而释译是尽量呈现原文所表达的本质。

原文：随着春运脚步的临近，准备返乡的人们都在做着各自的准备，有的要搞定火车票或机票，有的则选择了拼车返乡。

译文：旧正月前後の帰省・Uターンラッツュた伴う特別輸送体制でめているところ。列車や飛行機の切符を手配する人がいる一方で、「ライドシェア」方式で帰省を予定するしている人もいる。（「人民網日本語版」2018—01—26）

分析："拼车"一词的本质就是多名乘客共同乘坐一辆车，即共享座位。所以在进行日译时可以选择释译，这样更有助于原语文本的文化传达而不是单纯的语言层面的转化，相比直译加注释的方法释译能让译入语读者更加快捷地了解原语的含义。

3. 加译

为了准确传达原文表述的内容，译者可以使用加译的翻译方法把句子中隐含的意思或句子成分用更完整的语言表达出来。但更值得注意的是加译并不意味着可以随意地增减原文的内容。

原文：发展居家、社区和互助式养老，推进医养结合。

译文：在宅での介護やコミュニティでの介護、相互扶助方式の介護を発展させ、医療と介護との融合を推進する。（「人民網日本語版」2018—03—06）

分析：原文中社区和互助式本来是并列成分，译者将其拆分并加译。「で」的巧妙之处在于不仅指养老场所，还使译文更加地道自然。

"互助式"加译为「相互扶助方式」更加清晰明确,便于读者解读。

第四节 文化差异对翻译教学的影响与启示

一、文化差异对翻译教学的影响

翻译不仅是一种语言间的转换活动,更是一种文化之间的信息交流活动。从某种程度上来看,译者对文化差异的正确解读对翻译的成败起着至关重要的作用。概括来说,文化差异对翻译的影响主要体现为以下两个方面。

(一)文化误译

文化误译是由文化误读引起的,是指在译者本土文化的影响下,习惯性地按自己熟悉的文化来理解译文文化。文化误译是中国学生在翻译中经常出现的问题。可见,在中日翻译教学中,教师应引导学生不断地扩充日语文化背景知识,要求学生在中日翻译时根据具体语境,并结合文化背景,准确地理解原文的含义,然后选择恰当的翻译技巧进行翻译,切忌望文生义。

(二)翻译空缺

翻译空缺就是指任何语言间或语言内的交际都不可能完全准确、对等的。翻译的空缺现象在语言交际中表现得尤为明显,给翻译的顺利进行带来了阻碍。在翻译教学中,教师应该提醒学生注意这一现象,翻译中常见的空缺有词汇空缺和语义空缺两大类。

1.词汇空缺

尽管不同语言之间存在一定的共性,但同时也存在各自的特性。这些特性渗透到词汇上,就会造成不同语言之间概念表达的不对应。这和译者所处的地理位置、自然环境、所习惯的生活方式、社会生活等相关。

语言是不断变化发展的,随着历史的前进、科技的进步,新词汇层出不穷。因此,教师在翻译教学中要特别注重词汇空缺现象的渗透,要求学生认真揣摩由词汇空缺带来的文化冲突,指引其采用灵活的翻译方法化解矛盾,翻译出优秀的文章。

2.语义空缺

语义空缺是指不同语言中表达同一概念的词语虽然看起来字面含义相同,但实际上却存在不同的文化内涵。以中日语言中的色彩词为例,它们在大多数情况下都具有相同的意义,但在某些场合,表达相同颜色的汉、日色彩词却被赋予了不同含义。

因此,教师在日常的翻译教学中要不断提醒学生对语义空缺现象的注意,遇到空缺词汇时尽量寻求深层语义的对应,而不是词语表面的对应。

需要说明的是,语义空缺还表现在语义涵盖面的不重合,即在不同语言中,表达同一概念的词语可能因为语言发出者、语言场合等的不同而产生不同的含义。因此,教师应引导学生注意词语在语言交际中产生的实际语义,从而在翻译时实现语义空缺的弥合。

二、文化翻译对翻译教学的启示

(一)提升学生文化知识水平

从当前的翻译教学现状来看,很多学生仅注重对专业课的学习,全面照搬课本上的知识,对其他国家的文化知识了解甚少。因而,在翻译过程中一旦遇到文化相关的问题,学生就会手足无措,出现误译的情况。然而,翻译涉及众多学科与领域,若不具备该领域一定的基础知识将很难理解文本,也就很难翻译得准确。有限的词汇量、狭窄的知识面、匮乏的文化背景知识均是阻碍学生翻译水平提升的因素。

基于以上问题,很多院校纷纷开设了涉及文化以及文学方面的选修课,旨在扩大学生的知识面,激发学生对外国文化的兴趣,培养学生的文化差异意识。在具体的翻译教学中,教师还应将日本文化知识和教学内容有机地结合起来,增强学生对日语中所包含的文化现象的认识和理解,从而提高他们在翻译中处理文化问题的能力。

此外,教师还应有意识地选用一些包含文化知识、涉及文化差异的教材,并利用一切策略、资源来帮助学生置身于跨文化交际的真实情景中,体会日语的具体使用,以便使学生能更加忠实、准确地再现原文的思想意图。

(二)夯实学生的语言功底

由于翻译是一种语言转换为另一种语言的活动,所以要想译出好的作品就必须在两种语言之间寻找最佳的信息匹配方式。如果没有强大的双语基本功作为支撑,那么学生既无法深刻体会原语言的信息,又无策略将其有效地通过目的语表达出来,翻译的质量就会大打折扣。

在翻译教学中,教师通常只关注提高学生的日语水平,而忽视了学生的汉语水平。能不能译出来取决于译者的日文功底,而译得好不好则取决于译者的汉语功底。因此,加强培养学生的汉语语言功底具有十分重要的意义,要让学生熟悉汉语行文特征,了解汉语的表达习惯,这样才能在翻译过程中体现、发扬汉语语言传统文化,创造出更加完美的译文。

(三)积极开展网络教学与第二课堂教学

从目前来看,中国的日语翻译教学仍沿用着传统的教学策略和教学工具。在科技、经济、生活发生巨大改变的今天,传统的教学策略与工具已经无法更好地提升学生的翻译能力。基于此,教师应积极主动地探索新的翻译教学策略与教学工具并身体力行。

互联网是一种信息技术,是信息传播、整理、分析、搜寻的一种技术,其主要任务是传递信息。互联网中存储海量的信息,且这些信息、资源的更新也非常及时。因此,在翻译教学中教师应充分发挥互联网的优势,将网络作为翻译课堂教学的补充,既可以实现由教师现场指导的实时同步学习,也可以实现在教学计划指导下的非实时自学,还可以实现通过使用电子邮件、网上讨论区、网络通话等手段的小组合作型学习等。

另外,由于翻译课堂时间十分有限,所以教师还应在课下开展一些有益学生增加文化知识、提高翻译水平的活动,如要求学生阅读日文原版书刊、杂志等;观看日文电影、电视,听日文广播等。

(四)注重对学生文化差异意识的培养

加强学生的文化差异意识,对其更好地处理翻译中的文化差异问题,提高翻译能力,改善翻译教学的质量有重要意义。具体来说,教师可从以下四个方面着手。

1. 自然因素引起的文化差异教学

自然环境对人类生产生活有着较大的影响,这些影响也必然反映在语言中。各自语言中有关自然环境的语言表达所具有的文化含义也有所区别,主要体现在自然、植物、动物、数字、颜色等客观文化现象的差异上。教师只有让学生了解产生差异的文化因素,学生才能更准确地理解原文,并将原本的真实含义传递给目的语读者。

2. 历史、宗教因素引起的文化差异教学

历史、宗教上的重要人物、事件等往往会反映到本民族的语言之中,从而产生了不同民族的文化差异。这一因素带来的差异主要体现在修辞文化和习语文化等语言文化方面。在翻译过程中,学生只有对各自不同的文化积淀有所了解,才能准确辨别翻译中的文化问题,进而采取有效的对策,实现真实、通顺的翻译。

在翻译教学中,教师应有意识地教授一些相关的历史、宗教背景知识,以帮助学生准确地译出原文。

3. 风俗不同引起的文化差异教学

中日两国有各自特有的习俗和对事物的认识。这种差异在语言

中的一个重要表现就是那些包含动物的词语褒贬含义不同。教师要重视这些由不同民族的生活习俗引起的文化差异,以使学生能够妥善处理词语所具有的不同文化内涵,做出正确翻译,实现跨文化交际的目的。

4. 思维方式不同引起的文化差异教学

不同民族往往因为对同一事物的看法、理解不同而在各自的语言中有着不同的表达方式。思维方式的差异可以说是文化差异的根源。它几乎可以包罗或解释中日文化差异的各个方面。在翻译教学中,只有掌握了中日不同的思维方式才能译出地道的文字。

第五节　跨文化交际视角下日语翻译教学的策略

语言是文化的一部分,又是文化的主要表现形式,两者是密不可分的,主要表现在不同民族的文化、历史、风俗习惯和风土人情等方面,而各民族的文化和社会风俗又在该民族的语言中表现出来。翻译,简言之就是两种语言符号之间的转换。译,通"移""易",所谓翻译是指从一种语言转换成另外一种语言,"就是用一种民族语言把另一种民族语言所表达的思维内容,准确地重新表达出来的文化活动"。翻译是文本意义在不同语言、不同文化及不同环境之间的迁移,该意义在迁移过程中是否高度"保真"直接影响着翻译的质量好坏,亦即译文的可接受性。翻译过程也绝非易事,因此在翻译教学中导入文化因素具有最直接的显示意义。语言和文化是两个相互依存的象征系统。在学习语言的同时,一定要加强学生的文化意识,引导学生学习并认识到文化差异对语言学习的影响。

一、翻译教学中面临的问题

翻译教学中存在着以下三个主要问题:
①目前有关中日文化背景知识对比方面资料匮乏。

②学生学习日语的环境主要是课堂,而能够与他们交流的是拥有相同文化背景的老师和同学,这就使他们无法经历文化冲突所带来的震动和挫折,自然意识不到了解跨文化的重要性。

③学生课外自学能力差。

所以,如果不在课堂的语言教学中更多地融入文化因素,跨文化教学永远达不到预期效果。

二、跨文化交际中如何进行日语翻译教学

(一)把握语境

语境是决定一个句子或一个篇章段落不同于其他的重要因素。我们在翻译任何一个句子时都要考虑语境。语义依赖于语境,语境对语义有限定作用。词语翻译的要点,就是时时刻刻结合语境选字用词。可是,做到这一点并不容易,简单地照搬辞典往往会问题百出,因为辞典只是一种简单的概括和总结,它不可能对词语在不同语境中的引申、转用演变等做出详尽的解释。事实上,翻译中的理解和表达都是在具体的语境中进行的。语义的确定、遣词造句、篇章结构以及语体形式均离不开语境。因此,语境就构成了正确翻译的基础。语境理解是翻译成功的重要因素,在翻译操作中,我们必须认真理解日语语言语境中的语义语境、语法语境和非语言语境中的文化语境、话语语境。

日语中有很多拟态词、拟声词,日本人还喜欢使用副词、感叹词等主观性很强的词汇,这都表明了日本人在对事物状况的把握上喜欢具体和诉诸感官的特点。带主观色彩的词语使用过多,其优点是表达细腻,但也有语义模糊的一面,这也和日本人说话暧昧的特点是互为因果的。日本人甚至在正式的文章中,也喜欢使用诸如「しっかりとした考え方」「はっきりと」之类的表达方式。

(二)培养创造性思维

创造性教学的重要任务是开发学生的潜能,教师不能唱独角戏,

而是要结合学科教材内容的特点和学生已有知识储备和能力水平有效开展形式多样的课堂教学活动,对学生进行有效的思维方式训练。教师可以创设问题情景,启发学习思路,鼓励学生独立思考,相互讨论,大胆得出有独创性的见解。比方说在讲授「をかける」这样的情景课程时,可以先让学生思考在这样的情况应该注意的问题,应该运用的功能意念句,然后再通过情景对话来传授打电话时的习惯用语和基本礼节。这样就有效培养了学生的想象能力、发现能力、探索能力和知识迁移能力,使学生了解知识发生、发展、变化的全过程,从而为学生的创造性解决问题奠定基础。

(三)句单位教学的应用

每种语言都有各自的内在规律和不同特点,但都是用语言来表达思维,以达到交流和理解彼此的思想、感情和意志的目的,却又包含着共性和普遍性。我们研究各个语言的目的,应该在找出个性、特殊性的同时,发现其共性和普遍性。

所谓句单位,是指习惯上已形成固定搭配关系的短句或短语。句单位的好处在于学了的东西可以直接应用。反之,在教学中先分别教单词和语法点,在此基础上再教句子,看起来是由简到繁,实际上把应用语言表达思想的过程复杂化了,因为语言知识或运用语言知识的技巧,与应用语言工具的能力是不相同的。先从句单位入手,进而分析句子的组成部分,最后仍回到整句的操练上来,才是翻译教学的由浅入深。句单位教学有利于明确词与词之间的结构形式与搭配关系,又便于明确具体含义。如一个日语动词在句中适用什么辅助词,是根据黏着语的内在规律确定的。句单位教学可以启发学生主动注意这种黏接关系。

总之,在句单位教学中既可以突出单词又可以突出语法,使学生学习更深刻、更牢固。

(四)挖掘词汇语法的文化内涵

词汇是现实生活的反映。从词汇的分布上可以清晰地看出使用该语言民族的特征。由于欧洲民族历史上畜牧业发达,所以有关畜牧业的词汇丰富发达,而日本发达的是渔业,所以对鱼的命名以及创造大量国字来命名,这一点也比较显性。词汇的产生在很大程度上是"需要"促成的。

从词汇的生成上说,日语在古代产生了很多所谓的"和裂漢語"。它们当中,有像「立腹、大丈夫、未練、存分、存外、案外、大儀、懸命、勘弁、得心、納得、承知、用心、料簡、辛抱、遠慮、頓着」这样的词,表现了日本文化客观上需要有更多的词汇将人的心理活动进行细分。

在语法上,文化对语言的影响就不如词汇以及交际中表达那样明显了。从词类分布上看,日语中名词占到了大多数。反之,汉语是动词性语言。换言之,汉语是动词性语言;日语是名词性语言。世界各个民族有着其独特的文化。所以,文化差异是必然存在的。差异的原因是各民族地理、历史、风土人情等不同而不同。正是这些文化差异的存在使文化翻译的可译性受到限制。因此,文化是今后将导入日语翻译教学实践的一个课题,进行翻译时,要在外国文化和本土文化中找到切合点。如果这个切合点是两国文化的交融,那就是最理想的了。但是,往往由于文化差异,有时很难找到切合点,按照奈达先生的翻译原则,做出适当调整,使带异国情调的东西在译入语中得以再现。

第六章

跨文化交际视角下的日语阅读教学

第一节 阅读教学概述

一、阅读教学的重要性

阅读理解是学习者学习知识和发展智力的重要基础和前提,同时也是人类信息传递的主要途径。大学日语教学的主要目的之一是培养学生具有较强的阅读能力,而当前在我国的各类考试中阅读部分所占的比重一般在30%以上,可见提高阅读技能和水平的重要性。阅读的重要性主要体现在以下四个方面。

(一)阅读教学是获取信息的主要手段

阅读能力的培养应该是我国大学日语教学的努力方向,目的之一就是想培养出能够通过日语获取先进的科学文化信息的人才。尽管语言的信息交流渠道可以分口头和书面两种形式,但一方面受客观现实的限制,绝大多数的学生在未来使用日语进行交流的日子里,获取信息的主要渠道还是阅读;另一方面,外语学习和母语习得表现出不同的发展规律,人们习得母语时是听说能力先于读写能力,无须太大的努力就可学会,而外语学习时情况则完全相反。这两个方面决定了书面语将会是他们获取更复杂、更精确、更综合信息的可靠源泉。这也同时说明了将阅读教学置于大学日语教学核心地位的必要性。

(二)阅读教学是提高语言行为和能力的重要基础

阅读能力是提高听、说、写能力的根本。广泛的日语阅读是写就地道日语作文的基础。正确的高声朗读是说一口流利日语的必经之路。这应该说是个不需证明的道理。反观我国学生的口头与书面表达能力，单从内容上来说，常常是稚嫩可笑或言之无物。我们几乎可以肯定地说，这种令人遗憾的教学结果与阅读教学不足或方法欠妥是分不开的。

(三)阅读教学是语言知识的积累过程和文化知识的导入过程

阅读教学是语言知识的积累过程和文化知识的导入过程，外语界已经形成共识。如果听说课和网络教学手段能在灌输语言知识上有所作为的话，那么它们尚不足以完全承担文化导入的这个重任——听说课具有稍纵即逝的特性，网络教学毕竟是"辅助教学"，不可能代替面授，而阅读教学则可以针对课文中零散的文化知识进行对比分析、阐释讲解或指出其文化内涵或点明其文化规约。这样，学生能循序渐进、润物无声地增进对异域文化的理解和文化知识的积累。此外，作为大学教育的一个重要部分，日语教学还应该以拓宽学生视野、提高他们素质为取向。在此方面，阅读教学显然可以发挥听说教学难以比拟的作用。

(四)阅读是一种交际手段

现在，人们谈起大学日语教学中的交际教学法首先想到的是老师和学生之间的互动关系。忽略了学生作为读者在阅读日语时，其实也是在和作者进行交流。此时，学生的交际对象与我们大部分的日语教师相比，无论在语言能力上还是在文化修养上都略胜一筹。因此，阅读作为交际手段或许更有意义。这一点长期以来没有被我国外语界所认识。这与人们传统上强调语篇的独自性是分不开的。

以系统功能语言学为代表的语篇分析理论认为,语言的本质要求我们更应该把语篇看成是过程而不是产品。有鉴于此,如果说大学日语还存在着不少问题的话,其中之一就是阅读太少,而不是太多。需要改变的是传统的阅读教学方法。

二、阅读教学的现状

培养学生的阅读能力是大学日语教学的首要任务之一,也是掌握语言知识、打好语言基础、获取信息的重要渠道。但在日语教学中一直存在着一些问题。

(一)学生自身的学习现状

1. 母语思维影响

受文化与思维方式的影响,中日两种语言在遣词造句上也有很大不同。因此,在阅读教学中,教师的教学不应仅局限在语言知识的讲解上,还应注重对学生进行跨语言文化的思维训练。

2. 阅读习惯不良

阅读习惯对阅读学习有着最直接的影响。每位学生都有自己的阅读习惯,良好的阅读习惯能让学生在短时间内获得最多的或需要的信息,而不良的阅读习惯则会抑制阅读的成效。放眼望去我国大学生的阅读现状可以发现,很多学生在阅读时都有着这样那样的坏习惯,总结如下:

①用笔或手指着,一个字一个字地读。
②读出声来或在心里默读。
③重复阅读前面读过的内容。

这些坏习惯大大降低了阅读的效率,也严重影响了阅读学习的效果。对此,在教学过程中,教师应及时发现和纠正学生的这些不良习惯,培养正确的阅读习惯,以帮助学生提高阅读和学习的效率。

3. 背景知识欠缺

学生是教学中的主体,是影响教学效果的主要因素。因而,学生方面存在的问题很大程度上制约着阅读教学的顺利开展。就目前来看,学生背景知识欠缺的问题比较严重。

缺乏必要的背景知识是造成阅读困难的主要原因之一。背景知识指学生掌握的各种知识,包括语言知识本身、文化背景知识和学生已有的各种生活经历与经验。丰富的日语文化背景知识能促进学生日语阅读能力的提高;反之,背景知识的缺乏则会造成学生阅读理解的误解或困难。就目前来看,我国学生普遍缺乏日语文化背景知识,对日语国家的历史、地理、文化等不了解,从而制约了阅读教学的顺利开展。

(二)日语教师的教学现状

1. 教学机械化,缺乏创新

大学日语教学仍旧采用传统机械式教学法:课前预习;课中简要概括介绍,解释难点,提问问题;课后记忆。这种教学方法存在很多的缺陷。

①学生没有明确的目标不知如何进行课前预习。

②课中一直是教师的介绍,学生并未参与其中。

③单纯的理解性练习只能检测学生理解的结果,并不能检测学生的理解能力。

总之,这种缺乏互动式的教学法必然将学生局限在教师的知识圈中,并不能提高学生群体的日语知识和理解技能。

2. 应试教育倾向严重

在我国的阅读教学中,还存在着应试教育倾向严重的问题。

教师在阅读教学过程中大多数注重对应试技巧的讲解,而忽视了学生阅读能力的提高。例如,大学日语考试就有应试教育之嫌。而且,大学日语考试皆为笔头考试,尽管对日语教学起到了一定的正面反馈效果,但是在语言的表达上也仅仅是做出判断。并且,在进行各类水平的测试时,只要抓住其中的几个重点词,问题就能解决了,这就使学生的阅读水平只能局限于粗略的理解上,而不能得到真正意义上的提高。

即使有些教师知道应试教育对学生能力培养具有一定的阻碍性,但是迫于教学压力和业绩等因素,着实没有精力进行改变,于是陷入进退两难的境地。教师在日语教学中的作用十分重大,在这些问题上除了需要教师提高自身的专业水平之外,同样需要相关教学部门的支持与协作。

3.教学观念落后

阅读教学目前在教学观念上仍然存在着比较严重的问题。很多教师只重视知识的传授,一味地讲解生词、进行逐句逐段的分析,然后对对答案,而轻视了对学生阅读理解能力的培养,甚至忽略了学生在学习过程中的主体性。阅读作为一种重要的语言技能,其能力的培养对于学生分析、思考和判断能力的提高十分有利,对于提高学生的人文素养、激发学生学习兴趣、拓展学生的视野、提高学生综合语言运用能力也有着重要的意义。教师应该意识到,阅读是学生的主体性的、个性化的行为,教师不能以自己的分析来代替学生自己的阅读实践。因此,教师必须努力改变阅读教学中旧有的观念,多给学生自己阅读和锻炼的机会,帮助学生提升阅读水平,从而提高阅读教学质量。

(三)教学环境需要进一步改善

1.课程设置不够合理

阅读教学是日语教学中一个重要的组成部分,但是目前在教材和课程设计上都存在着许多的问题。首先,阅读教学的教学目标和计划不够明确,在课时、师资等方面得不到有力的保障,从而影响了阅读教学整体效果的提升。其次,阅读能力的培养是一个循序渐进的过程,在不同的学习阶段,教材的侧重点不尽相同。这些都是日语教师需要注意并改善的问题。

2. 教材设计不合理

教材是教学的重要指导性资料,在一定程度上影响着教师的教学内容、教学方向。但是纵观我国日语教材,其在设计上存在着不合理的状况,在整体上缺乏内在的连续性。

具体来说,我国大学教材注重阅读技能的训练。虽然从表面上看,教材设计本着层层深入的原则,在教学的不同阶段侧重性和针对性都十分明显,同时也符合学生具体的学习和认知规律。但是却存在严重的过渡问题,也就是前一个学习阶段和后一个学习阶段,缺乏一定的承接性。

这种教材脱节的现象,在一定程度上影响了教学效果,对阅读教学也有着很大的阻碍。阅读教学过程中应该遵循循序渐进的原则,在不同的学习阶段,应该使学生接触到不同程度的日语阅读材料,但是由于教材的脱节,学生的阅读训练缺乏整体性。学生原本的阅读进度已经感到吃力,更何谈提高日语阅读能力了。

此外,从教材内容上看,入选或入编的主题和篇章的结构性不足,所选社会科学主题、人文科学主题和自然科学主题在量的方面不均衡,主题筛选的广度和深度都有待进一步提高。教材的这种编写,缺乏与学生生活的联系性,因此学生对其的兴趣便得不到提高。

三、阅读教学遵循的原则

(一)激发兴趣原则

阅读不是一项被动的过程,而是一种高度积极主动的创造性行为,是读者根据自己已有的信息、知识和经验对语篇进行筛选、分类和解释的过程,是读者通过语篇与作者相互作用的交际行为。读者的心理状态对阅读具有重要的影响。决定阅读心理状态的具体因素包括阅读目的、兴趣和积极性等,其中阅读的兴趣直接影响到读者阅读能力的提高。阅读兴趣高,阅读动机就强,经常的、广泛的阅读就会变成一种内在的需求,而持之以恒的阅读是培养良好的阅读习惯、提高阅读能力的根本保证。但兴趣并非天生就有的,而是由后天环境培养发展起来的,教师应特别注重学生阅读兴趣的培养。在阅读教学中,教师要精选难度适中、合乎学生兴趣且与学生生活实际有密切联系的阅读材料;要实行阅读教学的分层处理和分层评价;要尽量减少让学生觉得乏味的课堂教学活动;教师要及时发现学生的进步,多鼓励、多表扬。

(二)真实性原则

交际教学法的基本原则在于强调语言的交际性,而交际性首先来自于语言的真实性。因此,阅读教学中要特别注意真实性。阅读教学的真实性包括三层意义:

1. 阅读材料的真实性

阅读材料的选择要考虑学生日常生活中的交际需要,要从现实生活里面选择文体多样、适合学生语言水平、学生喜闻乐见的阅读材料。

2. 阅读目的的真实性

真正的交际过程中,阅读活动总是有一定目的的,人们阅读可能是为了获取信息、验证已有知识、了解作者的思想或写作风格,也可能只是为了娱乐消遣或打发时间。阅读的目的不同,需要的阅读方法也就不同。例如,一个人想知道他口袋里的钱是否能够他在一家餐馆就餐,那么他就只关注菜单中有关价格的信息。

3. 阅读方法的真实性

学生要根据自己的阅读目的、文章的题材类型等选择适当的阅读方式。在教学中保证阅读方法的真实性,要注意在阅读教学中采用"先理解,后语言"的模式。重语言、轻理解,把阅读教学的大部分精力放在语言知识的讲解上,违反了阅读的一般规律,是阅读教学失败的一个重要原因。

(三)多维互动原则

阅读不是单一的活动,它是一个融合了多种因素和多种智能活动的综合过程。因此,在学生阅读技能的培养过程中,多维互动是非常重要的原则。

互动主要包括以下几种:

1. 学生与文本的互动。

比如通过标题、插图等线索对文本内容进行预测。

2. 师生互动。

阅读过程中没有权威,师生之间是平等的交流,教师是学生阅读的帮助者和引导者,同时也是学习者。通过师生互动,教师能更细致地体察到学生的阅读困难所在,学生可以更高效地接受教师的技能指导。

3. 同伴互动。

由于学生兴趣、个人经验、日语水平等有所不同,在阅读中所获取的信息和感受有可能存在差异。这些差异可以成为语言交际的条件,是语言学习和合作学习发生的良好时机。因此,对生生互动中生成的这些学习机会,教师要善于捕捉和利用。

4. 课程目标的综合互动

阅读课不单是培养阅读技能,诸如语言学习、综合技能发展、策略培养、文化感悟、智能提高和人格发展等诸多课程目标也都可以在阅读过程中加以逐渐渗透,有机整合。虽然不是每次阅读课都可以渗透所有目标,但根据每次阅读内容的特点,侧重某些目标是完全可以做到的。

(四)信息、语言并重原则

阅读教学,除了培养学生的阅读兴趣,还应该注重学生信息获取和语言学习能力的培养。阅读的最终目标固然是获取信息,但对日语教学来说,阅读课中也不能忽视对语言知识的积累。没有语言素材做基础,阅读能力的训练和提高就成了无源之水,不可能走远。阅读能力只有通过阅读活动来训练,阅读能力的提高又离不开语言知识的积累和丰富。所以,阅读课并不是只讲阅读技巧、只讲获取信息,重要的词语、句式、惯用法等语言知识的学习也是阅读课教学的有机组成部分,不应该被排除到阅读教学课堂之外。必要的时候,完全可以把其中的语言片段单独拿出来理解消化。当然,在信息获取与语言积累得到平衡的时候,阅读课的重心最终应该落在对文本意义在具体语境中的理解上,而不要把阅读活动分解成支离破碎的字、词、句。

(五)速度、效率并重原则

阅读教学的目的是培养学生的阅读能力,而衡量阅读能力的基本标准包括阅读速度和理解的准确性。对于学生来说,阅读的要求首先是理解,然后是速度。读得快、不理解就等于未读;能够理解但速度太慢,则阅读效率太低,意味着阅读能力不够。因此,评价学生阅读能力的标准是阅读理解的准确性和阅读速度。准确性指阅读理解的精确度和效率,阅读速度则是衡量读者阅读流利性的主要标准,二者相互依存,准确中要有速度,速度中要有准确。在阅读课教学中,正确处理好速度与效率之间的关系是提高学生阅读理解能力的关键之一。

传统教学法特别注重理解的准确性,忽视了阅读速度。而随着交际教学法的推广,有人认为阅读速度应优先于理解的准确性。我们认为,这两种方法都有失偏颇,我们不应该将速度和效率对立起来。理解固然是重要的,但一味地强调速度而不理解文章的内容是没有任何意义的,因为我们无法了解或获取有效的信息。而只注重理解的准确性,不追求阅读速度就不能有效地提高阅读理解能力。

四、阅读教学的策略

阅读教学是为了实现从重视知识传授到重视技能培养的转移，而阅读教学的成功与否很大程度上取决于教学的策略性。阅读教学的策略性表现在采用模式的正确性、阅读过程处理的合理性、阅读评估的规律性和技巧使用的科学性。我们从读前、读中和读后三个过程，来探讨具体的阅读教学策略。

(一) 读前策略

读前是指阅读活动的准备阶段。读前准备的主要任务是明确阅读目的、布置阅读任务，主要教学活动有激发学生的阅读兴趣、导入或引出话题、介绍相关背景知识、呈现或学习关键词句、扫清阅读语言障碍，预测文章主题或相关内容等。读前活动的策略主要有以下三种：

1. 扫除障碍

学生的词汇量是影响他们阅读速度与效率的一个非常重要的因素。阅读前，教师应该通过游戏、动画、图片、故事、对话等形式，设计语境导入词汇，扫除词汇障碍，从而更好地帮助学生阅读。教师可以通过各种方式指导学生进行课前预习，并布置一定量的预习题，帮助学生明确学习目标，做到有的放矢。这种有针对性的清除词汇障碍的预习可以加快课文处理的节奏，为阅读课文后的巩固理解节省时间，从而增大课堂教学的容量。而且，这种预习可以为课堂教学的顺利进行做好心理和知识准备，有助于学生良好的学习习惯的养成和自主学习能力的培养。

2. 激活背景

语言是文化的载体，学好一门外语，不只是扩大词汇量，更要了解他国的文化。因此，教师在进行阅读教学之前应该介绍一些与文章有关的社会文化背景知识，让学生对将要阅读的内容有一定了解，从而激发其进一步阅读课文的欲望。

3. 预测内容

研究表明,语篇理解在很大程度上取决于推理的产生,缺少必要和恰当的推理,理解就会不完整甚至产生误解。因此,教师在授课之前可以让学生根据文章标题、关键词、文章或段落起始句、结构等,对文章的内容展开想象、大胆预测,激发他们的阅读兴趣。通过预测内容,不仅可以培养和锻炼学生运用已有知识进行逻辑推理的能力,而且可以提高他们阅读理解的效率。教师可以通过适时引导,激发他们急于阅读的欲望,去印证他们预测的结果。不论预测的结果正确与否,最终都会有助于学生对文章的理解。另外,教师还可以根据课文中出现的关键词,引导学生预测课文的内容。首先,可以将关键词进行合理排序,来预测事件发生发展的过程;然后,通过阅读文章验证自己的猜测;最后,根据关键词复述课文的情节。

(二)读中策略

读中是指阅读活动的展开阶段,主要任务是理解文本并在阅读过程中训练学生的阅读技能。主要教学活动有略读了解课文大意,寻读捕捉具体信息,分析课文结构,概括段落大意,推测词义和作者深层寓意,解决阅读中的问题等。具体而言,读中策略主要有以下四种。

1. 略读

略读是一种选择性阅读,在阅读时读者可以跳过某些细节,迅速获取文章的大意或中心思想,进而提高阅读速度。正确的略读可以使人用很少的时间接触大量的文献,并挑选出有特别意义的部分。因此,略读不要求学生逐词逐句地进行阅读,而是有意识地略过一些词语、句子,甚至段落,力求尽快抓住文章的主要内容。这种策略注重的是文章的大意,而不是细节。在略读过程中,学生首先关注的是文章的题材和结构,然后通过阅读文章的首尾段、每段的首尾句,来了解文章的主旨、论点、线索和主要情节。具体来说,略读时应该注意使用以下技巧。

(1)注重文章的题目、黑体字、斜体字以及下划线部分

文章的题目往往是文章内容的主旨,利用题目我们可以对文章的内容做到心中有数。有时,文章还有小标题,这是对文章各部分内容的高度概括和凝练。文章中的黑体字、斜体字及下划线部分通常是作者提醒学生需要特别注意的内容,也是阅读或文章的重点。

(2)重点阅读文章的首尾段和每段的首尾句

文章是由段落组成的,段落是由句子构成的,所以文章的形成有一定的章法。文章首段一般是对全篇内容的综述和概括,尾段往往是总结。每段的首句通常是该段的主题句,而末句常常是结论句。掌握文章和段落的这种结构有助于进行有效的略读。

(3)注意关键词语和关联词语

关键词可以反映在特定的场景下讨论什么话题,因而大多情况同文章的主题有关,利用关键词可以推测文章的主题。关联词包括很多种,有表示原因、递进、顺序、转折等。通过关联词可以预测上下段落之间的关系,由此判断作者的思路和观点。

2. 寻读

寻读是读者为获取某一特定信息而不需要阅读全文,只查找需要的内容而进行阅读的一种活动。寻读也是一种浏览方式,是有目的、有选择地快速观览,寻找所需要的信息,如时间、地点、人物、事件等。寻读的主要活动有:在规定时间内查找需要的信息,根据问题寻找答案,选择填空,补全信息等。采用这种阅读策略时,一般包括以下步骤。

①读懂问题,根据问题提供的线索,确定所要寻找的信息类型及形式;

②快速搜寻,跳读全文查找与问题有关的信息,并进行下划线标注;

③找到信息后,认真阅读上下句,并对其进行加工处理,获得有效信息;

④再返回到阅读问题中,快速地进行信息比较和筛选,做出准确的选择。

运用这种阅读策略需要注意的是,对于一些关键词和关联词,在平时的训练中要及时总结,归纳整理,做到心中有数,阅读理解测试中就可以提高解题的速度。

3. 找主题句

任何一个完整的段落总是要表达一个完整的中心思想,而段落的中心思想体现在某个特定的句子里,这个句子称为主题句。主题句具有高度的概括性,传达全段的意义并引导文章的方向,段落中的其他句子都是用来解释、支持或发展主题句的。主题句的位置要视文章体裁和段落的结构而定,可以在段落的开头、中间或结尾。

(1) 主题句在段落开头

这类文章的特点是主题句意思概括、结构简单,其他句子都是文章的细节,是为主题句服务的,进一步解释主题句所表达的内容。

(2) 主题句在段落中间

这类文章的特点是一开始有一个或几个句子陈述细节或提出问题,随之引出主题,后面一些句子再进一步陈述细节,引申主题句。

(3) 主题句在段落结尾。

这类文章的特点是表述细节的句子在前,概括总结性的句子放在最后,这样能更有力地表达中心思想,起到画龙点睛的作用。

(4) 主题句既在段首又在段尾

这类文章的特点是结构严谨,突出主题。后主题句是对前主题句的进一步表达、引申。做这一类题时,必须注意选项要概括、简练、准确,切忌细枝末节,以偏概全,范围无限扩大。

4. 信息转换

为了将文章中的信息保留在记忆中,可以对信息进行转化,从而加深印象。在阅读教学中常使用的转换方式有:图画、加小标题、表格、地图、循环图、流程图、树形图、条形统计图、按年代顺序再整理等。通过上述转化方式,可以将课文形式的信息变成可见信息,有助于学生在阅读中理解意义。

(三)读后策略

读后是指阅读内容的拓展阶段,主要任务是根据所读内容开展一些应用性活动,来练习、巩固和拓展阅读成果。主要教学活动包括复述课文内容、讨论文中话题、描述经历、缩写仿写等。

1. 复述

复述课文是读说结合的典型形式。在深入理解课文后,学生在头脑中对整篇课文有了清晰的印象,教师就可以组织学生复述课文。可以按照时间或空间顺序复述,也可以按照结构布局、关键词语或图片复述等。通过复述课文,既加深对课文主要内容的理解和重点词句的巩固,又训练了学生的口语,可谓一举两得。

2. 讨论

讨论是培养学生用日语思考和表达的有效途径之一。选择学生普遍关心的、可能产生争议的、与课文内容相关的问题,组织学生进行小组讨论。在讨论中,学生可以相互提问、辩论、纠正错误。讨论不一定要求小组成员达成一致意见,可以将大家的意见进行整理归纳,选举出代表进行汇报讨论结果,然后由教师对每个小组的不同意见进行比较、总结。讨论是阅读输出的重要形式,是在阅读教学中培养学生逻辑思维和发散思维能力的主要途径。

3. 缩写

缩写是将内容较多、篇幅较长的文章按一定的要求写成较短的文章。缩写是概述课文的一种非常有效的方式。课文阅读教学结束后,在学生已领会课文主旨和理解课文内容的基础上,教师可以要求学生用课文中的关键词和主题句缩写课文或写课文概要。缩写可以培养学生归纳概括的能力,训练学生日语语句和段落篇章的写作能力。

总之,培养学生的阅读能力是一个循序渐进的复杂过程,切忌操之过急。养成良好的阅读习惯是前提,兴趣是动力,必要的阅读技巧指导是关键。另外,每篇文章的阅读不可能都用得上上面提到的这些策略,但是恰到好处地使用其中的一两个策略,不仅可以激发学生的兴趣,而且可以使他们的阅读有方向性,做到事半功倍。

第二节 日语阅读教学的常用模式

一、PWP 阅读教学模式

PWP 阅读教学模式指将阅读教学分为读前教学、读中教学和读后教学三段教学的一种阅读教学模式。

(一)读前教学

读前教学的主要目的是为阅读做读前准备,读前活动一般可用 10~15 分钟。读前的准备主要有:背景知识激活、课文导入、语言准备和策略准备,等等。

1. 背景知识激活

要根据情况,尽量和以前学过的内容联系起来。

2. 课文导入

课文导入的方法有:介绍文章的结构或内容类别、提出问题引起兴趣。

3. 语言准备

学生阅读时需要了解与之有关的内容,以及一些关于语言的表达方式。阅读前的一些词汇教学活动和语言表达方式的讲解就是为学生提供语言准备。

4. 策略准备

学生可以用两种策略来应对,一个是跨越障碍策略;另一个是语法策略。应对读前复习或者讲一讲这两个策略都将有助于阅读。

(二)读中教学

读中教学是阅读教学的核心,各种阅读能力的培养都是通过读中阶段的教学得以完成的。从具体信息的识别、词汇的积累,到判断推理能力的培养,再到对各种逻辑关系、篇章结构的分析,大都是由该阶段来承担。读中教学由多个活动组成,大体而言,可将这些活动分为3类。

1. 课堂阅读

教师对学生的默读应有时间方面的要求,这同时也是对阅读速度的要求。另外,可以做一些策略方面的提示。学生默读时,注意提出问题。课堂阅读和练习的时间一般在30～40分钟。

2. 理解检查

内容方面的理解情况(如文章大意、主要观点、重要细节等),一般可借助教材中的练习材料来完成。检查也应包括对难词难句的理解情况。

3. 讲解

讲解主要是对学习练习情况的反馈。有时,学生即使做对了,老师也要对重要的地方稍做讲解,加以强调。阅读课的讲解有时是免不了的,讲解应尽可能简略,只讲词句在具体上下文中的意义与用法,不做扩展性讲解,更不应逮住一个词做遍地开花的讲解。语法的讲解只要达到学生能理解的程度就行了。需要说明的是,对"不做扩展性讲解"这一点不要理解过死,如果一个词在不同的几篇课文中所用的义项不同,可以做些归纳性讲解。

(三)读后教学

读后教学一般是课堂阅读活动的延伸,根据所学内容完成课外作业。课外作业常常包括两部分内容：复习旧课并预习新课的生词、课外阅读。根据情况，可指定学生读课外读物或老师选定的阅读材料，下次课应对课外阅读情况进行检查。此外，读后写也是一种常见的课后活动。在阅读课程教案中，包括4个环节：图式激活、阅读和理解、语言提示、写作。我们倡导讨论式阅读，但给学生的课外作业则是写读后感、续写课文等。

二、任务型教学模式

(一)任务型教学的含义

任务型教学发展于20世纪70年代，它是一种系统的方法、技巧和原则，旨在把语言运用的相关理论转化为课堂实践。它围绕着"任务"的设计、完成和执行，以学生的个人经历为主，并在此基础上关注学生学习的过程。任务型教学与其他交际教学的最根本区别是，它更强调通过具有明确目标的"任务"来促使语言学习者更主动地学习，提高语言运用能力。这充分表明在语言学习过程中交流的重要性、有意义的语言内容的重要性以及语言教学交际的准确性。"任务"即为"做事"，学习者在此过程中始终保持一种积极主动的心理状态，任务参与者之间的交际过程也是一种互动过程。为了在课堂教学中完成教师布置的阅读任务，学生通过语言的和非语言的意义竭尽全力调动各种相关资源，共建意义，从而达到教学的目的，即解决某种交际问题。因此，任务型教学的内涵可归纳为：教师在教学中以具体的任务为基础，将课堂教学目标更真实地体现在任务中，在督促学生完成教师布置的任务的基础上，更好地实现教学效果。

(二)任务型教学原则

1. 真实性原则

设计任务时所采用的输入材料应来源于生活实际，完成任务的情境和具体活动也应当尽量贴近真实生活。教师应尽量创设真实或接近于真实的情境,让学生尽可能多地在真实语境下接触和加工真实的语言信息,并能将他们在课堂上使用的语言和技能在实际生活中同样有效地应用。

2. 形式/功能原则

对传统语言练习而言,最大不足之处是语言学习脱离语境和功能,尽管学生掌握了不同的语言形式,很多情况下却不能用这些形式在不同场合得体地表达其意义和功能。形式/功能原则就是在真实性原则的基础上,将语言形式和功能的关系明确化,让学习者在任务履行中充分感受语言形式和功能的关系以及语言与语境的关系,增强学习者对语言得体性的理解。

3. 连贯性原则

该原则强调教学组织中任务实施的连贯性与流畅性。任务型教学并非指一堂课中穿插了一两个活动,也并不指一系列活动在课堂上毫无关联的堆积,而是通过组织和完成一组或一系列与教学内容相关的任务来达到教学目标。不管是一节课的若干任务,还是一个任务的若干个子任务,都应当互为联系和补充,共同为实现本节课的教学目标服务。

4. 可操作性原则

任务型教学不是一味追求任务的繁复,而是重视任务在具体课堂环境中的可操作性,设计的任务必须为学习者所接受和便于实施。

5. 实用性原则

任务的设计和完成均以教学目标的实现为目的。因此,在设计教学任务时应力求避免过多无益的环节,不能因为重视外在形式而忽略实际效果。教师应利用有限的时间和空间,尽其所能为每个学生的个体活动和学生间的相互交流创造条件。

6. 趣味性原则

教师在设计任务时要充分考虑到任务的趣味性和任务形式的多

样化,避免因反复多次的机械任务使学生丧失参与活动的兴趣。此外,还应通过鼓励学生积极参与,通过多向交流和互动来激发其参与任务的成就感等。

三、体裁教学法

(一)体裁教学法的含义

传统语言教学法认为,语言是由各种"建筑构块",如单个的语法形式和结构、单词、语音单位等累积而成的。学习语言就是学习这些按一定规则放在脱离语境的孤立的句子里的"建筑构块",通过重复、操练等方法进行学习,最后再把这些脱离真实生活的语片组成有社会功能的表意单位。

体裁教学法是 20 世纪 80 年代中期以来出现的一种新的教学方法。该教学法是围绕语篇的图式结构开展教学活动的教学方法,以体裁及体裁分析理论作为其理论基础。该教学法是把体裁及体裁分析理论运用于课堂教学实践中,围绕语篇的图式结构开展教学活动。

(二)体裁教学法的分类

1. ESP 和 EAP 领域的"体裁教学法"

从事 ESP(English for Specific Purposes)和 EAP(English for Academic Purposes)教学与研究的人十分推崇"体裁教学法",他们常把"体裁教学法"看作是一种有效的教学手段。在他们看来,专门用途语篇,不论是口语的还是书面语的,都属于特定的交际事件,都具有特定的交际目的和特定的读者(或听众)对象,因此在语篇结构、文体风格、社会功能等方面都具有特定的体裁特征。通过对专门用途语篇进行体裁分析,可以引导学生掌握语篇谋篇布局的机制及其文体特征。

2. 新修辞学派的"体裁教学法"

这里说的"新修辞学派"指的是在北美从事修辞、作文研究和职业写作教学的一批学者。新修辞学派不把体裁的结构形式作为研究重点，而是从体裁形成的社会情景角度出发，重点分析语篇所能实施的社会行为和目的。换言之，新修辞学派推崇"体裁教学法"的宗旨是帮助大学生和从事某一职业的新人了解特定体裁的社会功能及其使用场合。新修辞学派的体裁观对传统的 ESP 和 EAP 教学思想产生了很大的影响。以体裁为基础的教学实验的主要教学步骤如下：

（1）体裁分析

通过实例分析某一体裁的"图式结构"。

（2）模仿分析

让学生运用体裁分析方法解析属于同一体裁的不同语篇。

（3）小组讨论

按照已经掌握的某一类体裁的"图式结构"，把不同的语篇结构打乱，让学生拼接复原成符合体裁惯例的语篇。

（4）独立分析

学生自己找一些属于同一体裁的语篇进行分析和评述。

（5）深入分析

分析这一体裁的语言及风格。

（6）模仿写作

通过写作使学生更深切地体会到某一体裁的结构特征和语言风格。

3. 澳大利亚学派的"体裁教学法"

在澳大利亚，"体裁教学法"主要用于成人教育的语言教学中。早在 20 世纪 80 年代末，一些热衷"体裁教学法"的教师和语言研究者便创建了"文化教育研究网络"，目的是在学校推行一种写作教学法，如围绕报告、阐释、讨论和说明等交际事件开展教学活动，以帮助学生掌握教学计划要求的各类体裁的写作能力。按照这种建立在体裁基础上的教学方法，教师应向学生介绍他们在未来生活中将会遇到的一些体裁，并通过体裁分析提高学生的写作能力。在具体实施中，教师和学生共同参与一系列教学活动,以帮助学生掌握特定体裁的语篇"图式结构",并以此指导自己的写作实践。其主要教学步骤如下:

(1)范文分析

通过范文介绍一种体裁,重点分析其"图式结构",明确语篇的社会目的,所运用的方法是"图式结构分析"。

(2)模仿写作

根据体裁分析的结果,教师与学生一起撰写属于这一体裁的文章,其中包括阅读、研究、搜集和整理资料、写作等不同阶段。

(3)独立写作

学生选择一个题目进行研究之后写出这类体裁的文章。

在向成人移民提供语言教学服务时,还设计了建立在体裁基础上的课程。

(三)体裁教学法的优点

①运用体裁教学法进行阅读教学,能使学生(尤其是具有初级或中级水平的第二语言学习者)掌握相对稳定的、可以借鉴和依赖的语篇模式,从而增强其理解语篇和创作语篇的信心。

②运用体裁教学法进行阅读教学,不仅要分析语言要素,而且要明确、系统地探讨语言要素与语境要素之间的关系,以及它们所表达的意义和交际功能,这有利于增进学习者跨文化理解和跨文化交际的意识和能力。

③运用体裁教学法进行阅读教学,能够帮助学生在了解文章中心意思的基础上理解作者,并且与作者达到高层次的沟通,并从中得到美的享受和深刻教诲。

④运用体裁教学法进行阅读教学,可以加强师生之间、学习者之间的协作,从而有利于创造宽松、民主、和谐的教学氛围,发展合作精神,建立融洽的师生交流渠道,全面提高学习者的人文素养,达到实施素质教育的目标。

(四)体裁教学法的不足

①体裁的规约性可能会导致教学活动具有"规定主义"色彩。教师本人如果缺乏想象力和创造力,可能会使学生感到这种教学方法的呆板和枯燥,导致学生的写作实践出现"千文一面"的局面。

②体裁教学法可能会使课堂教学出现以语篇为中心的倾向,教师容易偏重对语篇的描述和复制,而忽视创造性的语言操练活动。

③体裁的种类十分繁杂,课堂教学难以穷尽学生将来生活中可能遇到的所有体裁,故体裁教学法在写作课和阅读课教学中都存在一定的局限。

第三节 基于社会文化的隐性知识与日语阅读教学

一、问题的提出

虽然日本从弥生时代开始就长期受中国文化的影响,至今很多地方还保留着中国文化的印迹,但是经过日本人的提炼和融合,日本逐渐形成了自己独特的岛国文化。这种长期以来形成的文化差异对日语学习者产生着深刻的影响。一般情况下,日语学习者都很容易用自身惯有的思维方式,本民族的价值观念和已有的社会文化知识去试图理解日本人和日语。

川端康成的《雨伞》通过对少年少女羞涩言行的细腻描写,详尽地表达了少年少女那种朦朦胧胧而又纯真无邪的爱情。中国人可能对这样的恋爱不理解,实际上这是隐性知识在日文阅读教学中的重要体现。

二、隐性知识

隐性知识是从哲学领域提出的概念。当然,将知识分为显性知识和隐性知识，也并不是完全绝对的。有些知识既有隐性的方面又有显性的方面。

从语言学的视角来看，当语言被作为一种既定的、客观存在的客体时，它无疑具有显性知识的特征，但语言终究是一种技能，是"言说"行动中的知识，因此同时又具备隐性知识的特点。交际中的语言分为"语言知识"和"言语知识"。语言知识揭示的是语言规律和原则，属于陈述性知识；言语知识是对语言运用的说明，属于程序性知识。将语言习得中学习者关于某种语言的组成成分及该语言在人类生活中所起作用的意识称为显性知识，关于语言自动化使用的程序性知识称为隐性知识。

虽然语言既具有显性知识的特征，又具有隐性知识的特征，但是对于语言中究竟哪些属于显性知识，哪些属于隐性知识是很难加以明确区分的。实际上，语言的各个方面都包含有隐性的因素和隐性的程度。

在这里，我们着重探讨的是隐藏在语言背后的基于社会文化的隐性知识与日文阅读理解和日文阅读教学的关系。

在教育学领域中，国内对隐性知识颇有研究的学者是石中英教授，他从宏观角度探讨了隐性知识对教育改革的作用。石中英教授认为，在教育教学过程中，不仅存在着显性知识，同时还存在着隐性知识。作为教师，首先应该意识到教学生活中大量隐性知识的存在。其次要认识和理解隐性知识的关键一步就是要使其"显性化"。要重视"实践教学"的价值。在教学的各个环节中要考虑到相应的隐性知识。

三、隐性文化知识影响读者对日文阅读的理解

法国语言学家梅耶说："语言毫无疑问是一种社会现象。"语言的发展过程反映了某个社会的发展进程、体现了某个民族的民族精神和文化。而民族文化对语言的影响，有些是外在的，但更多的是作为

隐性因素,在无形中发挥着深刻的作用。

　　例如,川端康成的《雨伞》一文,因为在进入课文之前就已经对新出现的词汇和语法进行了讲解,所以在文字和语法上学生们并没有障碍。但是,学生们对于这篇文章花费如此之多的笔墨去描写少男少女两个人遮遮掩掩、欲行又止的行为举止感到无法理解,甚至认为是一种矫揉造作,就更谈不上欣赏和领会其中的美学意境了。当然,要给学生解释这个问题并不容易。这就与我们经常被日语初学者问到"我爱你"的日语怎么说,而我们不能简单作答一样。

　　日本文化虽然也有西方的开放洒脱,但是更多的是东方的含蓄保守。一般都会将自己的感情隐藏起来,尤其在大庭广众之下。所以才导致课文《雨伞》中所描述的一幕:明明没怎么下雨,少年却打个雨伞来掩饰自己的羞涩;少女本想伸手帮忙扶伞柄,却又一个劲地似乎在往伞外躲;少年不好意思与少女并排坐在一起照相,扶着椅子的手指轻轻触到少女的和服外套,他却感到仿佛在拥抱少女的裸体;一直对自己的乱发"耿耿于怀"的少女一直忍耐着,想要拢拢自己的头发,却担心给少男留下不好的印象,少男想提醒少女一下,又担心伤害到少女的自尊心而沉默着;离开照相馆的时候,少女发现自己拿了少年的雨伞,大吃一惊,因为她觉得自己这不经意的行为仿佛在表明她自己已经属于他了。也正因如此,当日本人要表达自己的爱意时,不说"I Love You",而顾左右而言他,说"月色真美"之类的。甚至连求婚的时候,也说一些拐弯抹角的话:"喜欢我的爸妈吗?喜欢我的家人吗?成为一家人好吗?""你愿意每天早上为我做早饭吗?""以后每天早上,我们一起刷牙好吗?""请一直陪伴我左右。"

　　如果我们要更深层次地给学生讲解为什么日本人一般不直接表达自己的感情,而总是运用这种含蓄委婉、暧昧的表达方式的话,就要触及日本的岛国文化了。日本是一个四面环海的岛国,多山,而且多火山、地震等自然灾害。在恶劣的自然环境面前,日本人只有团结起来,共同协作,才能生存下来,所以也就形成了日本人牢固的集团意识和集团文化。也正因如此,他们也特别珍惜集团内部之间的稳固的、和谐的人际关系,最害怕被集团内部的人孤立,千方百计都要协调好与集团成员之间的关系。为此,他们不得不将自己的感情深深地埋藏起来,生怕伤害到周围的人,也怕被周围的人取笑。所以,日本人在生活和工作中不仅不会直接表达自己的感情,也不愿意直截了当地拒绝别人,在日常生活中常常使用一些暧昧的语言,任凭听话人去猜。温和、婉转、含蓄,既留存了一定的神秘感,也避免了直接表达自己的观点,从而把自己相左的意见伤害到人的可能性降到最低。与此同时,由于岛国圈子小,日本人更讲究能够做到"以心传心"。日本人之间有着丰富和细腻的感觉,可以通过微小的眼神、语气的变化,甚至是肢体上的细微动作来传神达意。特别是在感情方面,日本人比欧美人要来得婉转和暧昧得多。

当然,也可以从日本文学的美学特征来加以印证说明。日本文学始终贯穿着纤细、含蓄、感伤、清淡而纯真的格调,非常注重捕捉最能打动人心的"物哀"。而川端康成则很好地继承了这个传统,他能够将人类最细微、最短暂的感觉以最准确的词语描绘出来。

在这里,《雨伞》一文中所出现的字、词、句法的运用在课前进行讲解,可以理解为显性知识,而文章背后所隐藏的社会文化知识,包括日本的岛国文化、含蓄表达习惯、集团文化、日本文学的美学特征等,这些相对某些读者来说则是隐性知识,难以用文字简单表达,需要长期积累才能拥有和了解。而一旦缺乏对这些隐性的社会文化知识的了解,就很难理解文中少男少女欲言又止、欲行反退的充满矛盾的行为举止;很难理解到作者描写少男少女一起去拍一张照片这一件简单的事情竟然要花费如此多的笔墨;当然就更谈不上获得《雨伞》这篇文章的美学价值享受了。

由此可见,在日语的阅读理解和翻译过程中,理解与掌握这种隐藏在语言文字背后的基于社会文化的隐性知识是非常重要的,我们应该从语言与人、语言与社会、人与人、人与社会、人与自然的关系中去理解语言。可以说,能否更深程度地把握语言后面的日本文化,是正确理解日语的关键。

在实际教学过程中学生的提问引发了我们对于隐性知识与日文阅读理解教学之间的关系的思考。根据以波兰尼为代表的各个领域的学者们对隐性知识与显性知识的分析与研究,无论是从语言学的角度还是从教育学的角度来看,在日语以及日文阅读中都存在大量的隐性知识,在日语的教育教学过程中也存在着大量的隐性知识。作为日语的教育工作者,我们不能忽视这些隐性知识的传授。

根据日本学者野中郁次郎的知识转换理论,隐性知识和显性知识在人类创造性活动中是可以相互转换的。因此,我们教师的任务就是帮助日语学习者构建头脑中缺乏的相关的图式,也就是要帮助日语学习者将隐性知识转化为显性知识。在日文阅读理解的课程中,教师不能只单单注重文字、语法的讲解,同时还要想方设法让日语学习者知晓那些隐藏于文字背后的社会、历史、文化等方面的隐性知识,以增进他们对文章的理解,同时提升习得者日语方面的素养和积淀,从而帮助其不断完成一些隐性知识向显性知识的转化。

第四节 文化符号学下的日语阅读教学

自 20 世纪 60 年代以来,随着认知心理学和认知语言学的蓬勃发展,各种阅读的教学模式纷纷出现。但是这些教学模式把重点放在孤立的词汇学习和语法分析上,或只是片面地单纯地从文章的语篇结构来分析教学面而忽略其内在的文化,导致无法真正理解作者欲表达的言外之意。

实践证明,文化符号学不但培养了学生文本的符号能力,还构建了适合学生自己的阅读模式,促进了他们的阅读水平的提高。

一、文化符号学概述

要对文化符号学下的外语阅读教学进行分析,首先就要了解构建阅读的符号化形式与如何通过文化符号学来培养学生阅读符号化的能力。

(一)符号在阅读中的表现形式

文化符号学的静态解释是每一个文化符号,都有自己的所指与能指,语言所表达的声音印象就是能指,而所指是概念,语言的符号联系就是声音与概念的有机联系。

文化符号学的动态解释,将每一个文化符号分成了表征、标物以及注释三个组成部分。这三个组成部分表现出一种互动的关系,将文化符号学的静态解释转化成一种动态概念。事实上,能指、所指与符号之间存在一个关系,那就是所指+能指=符号,这仅仅是符号表意的第一个层次,而这个层次中的符号 x 是第二个表层中的所指。这样就构建出了一个新的所指,进而形成出现符号形式。

阅读的符号文化形式是经过一系列构建形成,而不具备任意性的特征。这也是社会赋予文化符号学的特征。

(二)培养学生阅读符号的能力

阅读符号的能力,主要是指学生通过阅读,产生对符号的所指与能指的了解与认知能力。主要是通过文本具体体现出来,如果按照文本来分,符号能力划分为语义的能力和解释能力,以及对社会的认知能力。

对于日语而言,经常出现一词多义的现象,因此学生就必须根据这个词在特定的语境下显现的语义来理解它的含义。解释能力是教学中阐释的语言或者文化的能指和所指关系中应该具备的能力。而社会认知能力是学生通过学习日语阅读后,将语言的学习与社会有机地联系起来,就是将语言学习转化成为一种实践。只有在社会中进行实践才能够认知到语言的变化,才能够体会出日语语言的阅读教学的重要性。

二、文化符号在跨文化中的应用

对于不同文化背景的人来讲,要扫除彼此沟通交流中的障碍,彼此要拥有共同编码与译码系统,或者拥有共同的信息解释规范。如果按照交际领域来分类,可以分为语言符号与非语言符号。

(一)语言符号在跨文化中的应用

信息的编码不仅仅是符号信息的表现,还携带着大量文化的信息。因此在跨文化交际的时候,必须要将语言符号进行编码和译码。在解码过程汇总或多或少会影响原编码隐含的信息文化,甚至还会出现一些意义上的改变。例如,"回头见"一词,翻译为日语就是:じゃ,(また)又(あ)会おう。在中国这个词是任何人都可以说的,但是日本则不这样认为,他们以为这种说法仅指男性可以说。

因此在日语阅读教学中,教师要不断提醒学生,在跨文化交际的时候是不能把自己的文化中的某一种语义随便套用到日语中去。否则,就会产生相反的交流效果。这就要求日语阅读教学课堂上,教师在文化符号学的思想下多为学生提示、多举实例,还要提醒学生要从课外阅读中去了解。

(二)非语言符号在跨文化中的应用

对于任何一种交际来说,都需要语言符号和非语言符号共同来完成,这二者具有同等重要的作用。在交际的时候,有一些表达不能够用语言符号表示出来,就只有用实用交际工具来替代,这种交际工具就是非语言符号。这些交际工具能够替代语言,也更有效更直接地表达交际。

心理学家艾伯特·梅拉宾经过多年研究之后,总结出计算的公式,传递信息的总效果=38%声音+7%词语+55%面部的表情。这个公式就将声音和神态语言有机地联系起来,也说明了非语言符号的重要性。

三、文化符号学在日语阅读教学中的应用

从上述内容可以看出,文化符号学在交际中占据着重要的地位。而阅读是培养学生的交际能力的一个重要方面,必须要在文化符号学下加强日语阅读教学。

(一)日语阅读教学的现状

日语阅读教学传递知识,并对教学进行了适当的价值升华。从阅读教学的构建来看,日语专业教学活动中教师与学生的互动,教师和文本的互动,共同构成了教学之中的符号系统。

事实上,教师与学生在文学符号依托下,应该积极主动去实现教学中下达的任务。但是现实中还存在多方面不足,很多日语阅读教学还缺少互动,还存在教师在讲台上唱独角戏的现象。教师在上面独自阅读,独自解释,学生在下面机械地听课和做笔记。这样的教学过程收效甚微,一堂课下来学生几乎是一片茫然。

日语的阅读课一般是在大课堂进行授课,即使教师再怎么精心地设置课堂,再怎么去布置教学都很难实现阅读教学的真正功能。因此,班级中的人数越多,就越难做到师生之间的互动,教师根本就没有办法有效地组织课堂,也无法提出问题让每一个学生发言。

现在各个专业都进行了细分,这就为日语专业学生享受教育资源以及毕业带来巨大挑战,严重挫伤了日语专业的师生教学的热情,对日语专业的发展带来负面影响。事实上,很多相关专业都开设日语课,比如中文专业也开设了日语课,中文系学生毕业后除了文笔过关,还会日语,成为综合性人才;而纯粹的日语专业的学生毕业后就只会日语,企业在选拔人才的时候,肯定要选择既会文笔又会日语的同学,这就为日语专业的学生带来了就业挑战。

由于多种因素,社会与教育对教育产业化让步了,造成现实中的

日语阅读教学出现了种种谬误，认为文化符号学使日语阅读符号化，导致日语阅读教学走向了错误的方向。甚至有一些人天真地将日语看作一个一个符号，便于理解和记忆。

(二)文化符号学提升日语阅读教学

因为社会对日语人才的需求量大了，就会更加重视日语人才，也就会关注到日语的阅读教学。

1. 建立参与式的阅读教学

在学校的智力氛围与学术环境之下，日语阅读教学要求师生互动，通过日语去创造文化，让学生从教学角度对文本进行创造性理解，对阅读的背景价值移情，对原文进行理解性释义等。日语阅读必须要从相异文化背景着眼，采用符号化阅读，以学生的学为中心原则。同时，学生在进行跨文化的创造之前，就要把自己看作深入文化的参与者，而不是怀着观察者的心态。只有建立出这种参与式阅读教学，才能够引导学生对日语文化寻根追底，突破表象而深入到日语阅读的精髓中去。

2. 建立日语阅读教学真正的使命

阅读教学的文化符号与教学符号是不能乱用的，但是也不是不能使用；而是要把握合适的尺度，形成高效的阅读方式。也只有这样，才能实现学生创造日语文化的真正目的。

要淡化日语教材的习题作用，减轻学生的依赖和桎梏。当然这并不是说就完全否定习题作用，而是在教学中结合学生讨论涉及几个重点而已。

要求学生根据自身基础与预习理解的程度，自己去建立相关日语阅读任务，并且在学生中进行交叉式操作，检验彼此的阅读理解程度。比如，在阅读到这句：おいえ家の(みな)皆(さま)梯たよろしく(向家中各位问好)。就可以要求学生扮演家庭中不同角色，进行互相问答。

文化符号学下的阅读教学能够正确引导学生对日语阅读理解和参与，同时也能够让学生对各种文化符号进行正确的运用。只有这样，才能够得到优化日语阅读教学过程、提高日语阅读理解的深度，摆脱过去那种以题释文的狭义方式。

第五节　跨文化交际视角下日语阅读能力的培养

一、帮助大学生克服日语学习障碍

(一)鼓励大学生，让大学生走出心理舒适区

对于存在日语学习心理障碍的大学生来说，教师要做的就是不抛弃不放弃，以锲而不舍的精神不断鼓励他们克服心理恐惧，从而让他们敢于开口说日语。从跨文化交际角度考虑，教师应该多给学生一些跨文化交流的机会，例如让学生谈一谈中外文化差异，从文化学习的角度帮助大学生克服日语学习的障碍。

(二)提高大学生的日语学习兴趣

大学生的学习兴趣包括两方面，一方面是大学生说的兴趣，从跨文化交际的角度考虑，即通过让大学生听一些经典的日语演讲和经典的日语名曲让大学生感受日语的语言魅力；另一方面是阅读的兴趣，从跨文化交际的角度考虑，即通过让大学生阅读简单而有趣的日语短文(能体现外国文化的笑话、寓言、童话、典故等)激发大学生的阅读兴趣，让大学生爱上日语阅读。

二、帮助大学生改正不良的学习习惯

(一)收集和整理课外教学素材，让大学生跳出课本学日语

日常日语教学中，教师要学会带领大学生跳出课本学日语，即让

大学生摆脱教材束缚，阅读一些富有日本风俗文化的经典文章。

(二)鼓励大学生写日语日记，记录所感所想

日语写作能力与阅读能力的关系是非常密切的，两者往往成正比关系，因此鼓励大学生写日语日记，是提升其日语阅读能力的好方法。从跨文化交际角度考虑，写日语日记的好处有二：

①提升大学生的日语写作能力（包括语言组织能力、语言理解能力、语言默读技巧等），当然，日记的内容要和日本文化相关联，形式和语言也要符合日语交流的特点；

②让大学生在写作的过程中进一步了解日本文化，并了解日本文化同中国文化的异同点，从而进一步培养大学生的日语写作能力，培养其跨文化日语阅读能力。

(三)阅读日本杂志或报纸，了解日本文化

阅读日本杂志和报纸是大学生了解日本文化的最直接、最有效的途径，日常教学过程中，教师要懂得为大学生"减负"，即让大学生能有一定的阅读时间，又要大学生自己也要养成良好的阅读习惯，培养自己的阅读自觉性。

三、跨文化视野下教师应做出的教学转变

(一)以大学生为课堂中心，采用现代化的教学方法

以任务驱动教学法为例，教师可以将整个日语阅读过程分成若干个"任务"，然后按照一定的顺序让学生以任务的形式开展学习活动。跨文化交际视野下，学生的日语阅读过程转化为对文化的深入了解过程，教师按照一定的阅读环节步步引导，最终让学生在了解文化的过程中提升阅读能力。

(二)以新方法测验大学生的跨文化日语阅读能力

大学生的跨文化日语阅读能力很难通过一张试卷就检测出来，所以教师要摒弃"唯成绩论"和"唯考试论"，以辩论、演讲、模拟对话

等方式测验大学生的跨文化日语阅读能力。同时,教师还要根据学生不同的学习情况,为其制定不同的评测标准。

(三)开设日语文化讲座

现在的大学教育比较自由、开放,学生有很多的时间去参加各类讲座。所以,教师可以经常开设一些日语文化讲座,并邀请外国留学生、外教参加,以自己的生活经历为大学生讲一讲自己国家的文化、风俗习惯和社交礼仪,从而帮助大学生更直观地了解日本文化的表现和内涵。同时,还要在讲座中多穿插一些互动性较强的节目,促进大学生与留学生、外教的沟通交流,从而提升其跨文化交际能力。

(四)多组织读书会

现在的大学中有各种各样的读书会,方便学生在学习之余增加阅读量、开阔眼界,提升自我文化修养。因此,教师可以定期或不定期地组织读书会,并鼓励学生自己携带介绍中国文化和日本文化的图书。在读书过程中要加强学生之间的沟通交流,可以设置"大家一起读""书籍交换阅读"等多个阅读环节,尽量让学生多接触不同的文化书籍,从而提升大学生的日语阅读能力。

第七章 日语文化教学实践应用研究

第一节 文化介入对日语教学的意义及应用

语言是文化的一种重要载体,是文化的基石。每种语言都传递着不同民族、不同社会的文化背景。语言与文化相互依存,密不可分。在日语教学中,介入日本文化,让学生充分理解所学语言所蕴含的社会文化背景,才能促使学生真正掌握日语,提高学生的跨文化交流能力。

任何一种语言都是由生活在一定言语使用区域中的人们在特定的语境下,通过书面语或者是口语的形式相互交流而产生的。使用这种语言的人们,自然也会在语言中融入他们的历史、文化、社会背景等因素。当前各大高校开设日语专业,不仅仅是让学生掌握日语的词汇、语音、语法规则等知识,而是重点培养学生应用日语进行跨文化交流的能力。而成功的语言交流,除要具备丰富的日语语言知识外,还需要掌握日语语言中隐含的大和民族文化背景知识。本节结合自身教学经验,针对日本文化介入对日语教学的意义及应用进行了相关探讨。

一、日本文化对日语教学的重要意义分析

文化能够反映出一个民族的全部生活方式,文化与语言相互依

存。语言记录文化,传播文化;文化为语言创造和表达提供可能,文化决定语言的发展方向,促使语言带有浓厚的民族特色。学习日语也离不开对日本文化的了解,大和民族漫长的历史对日语的形成和发展起到了导向作用与制约作用,因此学习日语必然要学习日本文化。

二、日本语言中所体现出的文化特征

日本的民族文化处处体现出日本人的人际交往理念、为人处世的方式等,甚至影响了日语惯用语的表达方式。日语的方方面面都渗透着浓厚的日本文化。具体表现如下。

(一)日本文化与外来文化的融合

自古以来,日本民族都具有崇拜强者、无条件追随强者、锐意进取的心理特点,在文化发展过程中,日本民族一方面保留自己的传统文化,另一方面还积极摄取外来文化,并将其与自身文化相互融合,继而创造出属于自己的独特文化。例如中日文化交往是在隋唐时期达到顶峰。由于当时的隋唐王朝经济发达、政治开明、文化先进,因此日本积极学习并引进中国文化。但在鸦片战争后,西方欧洲各国成为日本追捧的国家,日本大规模吸收西方文化,追赶英美技术,同时日本还继续保留自己的传统文化,取长补短,最终形成了汉语、和语和外来语三种语言为一体的日语语言文化局面。

(二)寒暄问候语丰富

在人际交往过程中,日本人的寒暄问候语丰富,除常见的"早上好""你好"等用语外,日本人还喜欢围绕天气、季节等寒暄一番,借此来营造和谐氛围。

(三)语言表达比较委婉模糊

日本人深受"和"意识以及"以心传心"思想的影响,他们极其重视语言的委婉、模糊表达,以希望保持和谐、愉快的交谈氛围,即使自己交谈的内容不合对方心意，也要尽量做到不引起对方的不快。因此，委婉的谢绝、留有余地的承诺、巧妙的暗示以及似是而非的回答等都是日本语言的一大亮点。

三、日语文化介入日语教学的措施分析

(一) 提高教师的素质和能力

要想增进学生对日本文化的了解，首先需要提高教师的素质和能力。教师要积极转变教学观念，具备现代化的教学思想，不断丰富自己的日本文化知识，广泛了解日本的政治、经济、艺术、建筑、文学、音乐以及宗教等知识，尤其要注意搜集流行的外来语、流行语等，掌握日本文化的变迁。唯有这样，在开展日语教学活动时，教师才可能收放自如，提高日语教学的趣味性。

(二) 上课尽量采用日语直接教学的方式

传统的日语教学方式以教为主，师生互动较少，学生兴趣性也不高。为了重新燃起学生的日语学习兴趣，教学活动必须讲究一定的艺术性。教师要结合学生实际的日语水平以及兴趣爱好，精心设计教学方案，并采取灵活多样的教学方法；语言富有吸引力，并尽可能采用日语直接教学方式，为学生营造日语学习氛围；举例恰到好处，给予学生充分的思考空间，调动学生的积极性，让学生主动参与课堂教学。

(三) 通过课外阅读文学作品或者网络，丰富学生的日本文化知识

文学作品往往是一个民族文化的重要载体，是传统文化的重要积累，最生动、最直接地反映了该民族的文化背景、性格特征、行为方式、社会交际等内容。因此教师应鼓励学生大量阅读日本著名的文学作品，这不仅可以丰富学生的语言知识，还能够让学生了解更多的日本文化。此外，由于网络技术的快速发展，教师也可以正面引导学

生，在网络上搜集日本文化相关资源，让学生不断积累日本社会习俗等相关知识。

(四)充分发挥日语外籍教师的作用

语言学习离不开交际环境，由于学生在校内学习日语，缺乏日本文化和语言环境，也很少有机会能够与日本人进行交谈，而外籍日语教师是学生最先接触、也是接触最多的日本人。因此，日语外教要多向学生讲解日本的社会情况、文化生活等，讲亲身体会，让学生学到更多的课本上无法学到的文化知识。

(五)采用比较法进行日语教学

将中日语言中文化的内涵进行比较，继而学习日语是有效的教学方法之一。例如，可以比较词汇的文化内涵、语言应用的文化背景等，找出中日文化之间的差异，帮助学生更好、更快、更准确地掌握日语知识。在比较时，教师可以从日本有而中国没有的、中国有而日本没有的、中日两国都具有但存在差异的内容而入手，可以借助语言解说、图片展示、图表对比等方法，让学生切实掌握日本文化的内涵。

综上所述，语言是人类进行交流的主要工具，它含有浓厚的文化特色，由于各个民族文化存在较大差异，仅依靠语言知识的掌握还不能满足轻松自如的交流需求。日语教学不仅注重语法知识的传授，还需要注重文化的渗透，唯有这样，才能够让学生掌握原汁原味的日语。

第二节 日本文化在日语课堂教学中的应用

语言和文化是相互影响、相互制约的关系，在学习语言的过程中必然需要学习该语言的文化背景知识。中日两国虽然是一衣带水的邻国，但由于两国的地理位置、历史进程、风俗习惯、思维方式、社会制度等方面的差异，日语和汉语两种语言的文化背景也迥然不同。

只有深刻了解了日本文化才能真正学好日本这门语言。

一、日本文化应用于课堂教学的重要性

(一)改变现状的需要

从大学毕业的日语学生,有许多已经通过了日语能力考试,但他们进入企业工作后仍然不能熟练地使用日语进行交流,究其原因就是对日本的文化认识不够。所谓的日语能力,不仅是语言的组织表达能力,它更是跨文化的交际能力。教师在课堂教学中也往往注重单词的讲解、语法的说明、练习的解答,而忽略了文化背景因素在语言交流中的重要作用,这不利于语言的学习和表达。

(二)高效学习的需要

学习日语的学生都有这样的困惑:单词难以记忆、语法难以理解、课文难以背诵,于是就不得不花大量的时间死记硬背,如果在学习的过程中加入日本文化的学习,把一部分记忆变为理解,就可以大大提高日语的学习效率。

二、日本文化应用于课堂教学的具体方法

(一)词汇层面的文化应用

在学到《大家的日语》初级Ⅰ第5课时,主要学习的就是日语中乘坐交通工具的表达方式。其中就有一个单词是"タクシー"(出租车),刚好那时网络上出现某女教师滴滴打车失踪的新闻,于是有学生就问日语中黑车怎么说,是"黑タクシー"吗?本书告诉这位学生在日语中黑车是"白タクシー",简称"白タク"。难道日本人黑白颠倒吗?这时学生难免有这样的疑虑。这是因为在日本,出租车车牌是蓝色而私家车的车牌是白色的,所以偷偷拉人的私家车就称作"白タク"。

(二)句型层面的文化应用

教师在教授"一てくれる"这个句型的时候,一般的解释都是"用在别人为自己做了某事的场合下,表达一种感恩的心情"。但是在《新编日语教程2》第23课会话文中,当王小华谈及鉴真渡海去往日本时,藤原说了这样一句话"日本のために尽くしてくれたんですね"(为日本用尽了全力)。上千年前的鉴真和藤原本没有任何交集,但这里用了"一てくれんです"(为了我)。这里就清晰地折射出了日本人的内与外的思想,日本人的内与外在不同的场合指的范围和含义是不同的,在会话文中藤原说话的对象是中国人,所以藤原是站在日本国家的立场来说这句话的。

(三)思维方式层面的文化应用

在《中日交流标准日本语(中级下)》第32课中有"割引"(打折)这个说法,很多学生一听到"2割引",想都没想就说"打两折",但其实在日语中是"打八折"的意思。所以思维方式的不同,理解的时候会产生很大的差异,教师在这些地方都应该做适当的讲解,以免造成误解。

三、日本文化应用于课堂的途径

(一)解释说明法

在教学过程中,教师可以直接针对某个问题用日本文化知识对其进行解释说明,以达到加深理解的效果。例如所有学习日语的学生在初级阶段都会学到日本人用"さん"来称呼别人,以示尊敬。但细心的学生就会发现,日本人一般都用"姓+さん"来进行称呼,而不是用"姓名+さん"来进行称呼。这时教师就有必要对日本姓氏的由来及现状进行解释。古代日本人没有姓,只有名,到了明治维新时期,政府规定国民必须要有姓,所以绝大部分的姓都是日本人自己给自己取的,现在日本人的姓已经超过十万,平均下来一个姓只有几百人而已,在日本小学一个班 30 人,几乎找不到相同的姓,所以日本人只依靠姓就可以进行区分。

(二)中日对比法

在教学过程中,涉及中日都有的习俗时可以用对比法进行讲解,这样有助于学生理解记忆。例如,中日同是礼仪之邦,都喜爱使用寒暄语同熟人打招呼。中国人最常用的是"吃饭了吗",而日本人最常用的是"今日は寒いですね""今日もいい天気ですね"等和天气相关的用语。究其原因是因为中国有"民以食为天"的思想传统,人们最关心的就是吃饭问题;而日本是个岛国,受到气候的影响因素大,天气的好坏直接影响到他们的农耕和打鱼。

(三)模拟场景法

在学习会话文的过程中,教师可以充分利用多媒体教学设备,播放情景视频,并让学生表演,在表演过程中切身体会日本的文化。例如,在学到日本人拜访新邻居这个片段时,教师就可以选两至三名学生,分别扮演拜访者和被拜访者,投影仪上可以播放日本人拜访新邻居的画面,从敲门、寒暄、送礼到表达感谢各个环节,从肢体动作、面部表情到日语用语各个侧面,学生边表演,教师边观察指正。

综上所述,日语教学过程中应该把语言的学习与文化的应用有机地结合起来。这样不仅可以提高学生的文化素养和语言交际能力,也可以丰富日语课堂气氛、增强教学效果。在这一过程中,教师不仅应该深入研究教授法,还应该提高自身的日本文化修养,把日本文化很好地应用于课堂教学中。

四、文化教学理论的应用

在传统教学中词汇和语法是最典型的自上而下的教学输出内容,莫兰的文化教学理论与这部分教学相融合,以学习教材和教师讲授等被动体验为切入点,由教师进行提问或者创设情景等,这种扩展过程与之前的经历和知识相互反应得出新的看法和认识。在进行提问或创设情景的过程中，学生会有自己的思考，实际上就是对行为、情感、价值观的反思，将语言表层意义通过文化体验层层推进。

结合莫兰的文化教学理论，授课教师应先进行系统分析，确定每个文化教学项目分别属于文化要素（文化产品、文化实践、文化观念、文化社群、文化个体）的哪一类，属于文化内涵（文化信息、文化实践、文化观念、文化自知）的哪一项，属于文化教学（认知内容、认知方式、认知自我）的哪一阶段，再决定运用哪些教学活动来推动语言与文化教学。值得注意的是，并非所有的文化要素总是能呈现在文化内涵的各个层面，授课教师应灵活对待各个教学项目，选择适当的教学活动，尽可能达到最佳的教学效果。

(一)教学案例一

1. 教学项目解析

以词汇教学为例，日语教材中对词语的标注通常都是汉字、假名、音调以及词典意义。通过教科书，学生可以直观地了解一个词的基本含义，但这并不等于掌握了这个词的所有的背景下的意义。比如"旅馆"一词，属于文化要素中的文化产品，而探讨出"旅馆"一词反映出的日本社会属于文化要素中的文化观念，我们需要用到认知内容和认知原因开展教学活动。

2. 文化教学过程

认知内容。在学习教材上的基本释义之后，要求学生对这个词进行造句，学生给出的句子是"旅行に行く時、旅館に住んでいます"。这里教师进行反问，有过旅行住旅店的经历吗？住的什么样的旅店？大家觉得住的旅店用中文里的"旅馆"这个词进行表达合适吗？学生给出的回答是，一般住200左右价位的旅店，认为自己住的更应该叫作"宾馆"而不是"旅馆"。进一步发问，为什么有这种想法，"宾馆"和"旅馆"到底在大家的印象中有什么差别。学生回答"宾馆"

更加正规,统一化管理,而"旅馆"给人印象是私人开设的,是更加小型的住处,更加实惠或者更有特色的地方。这时学生的分析已经准确阐明了汉语中"宾馆"与"旅馆"两个词的差别。教师继续引导发问,那么大家认为日语中有没有这种差别呢?很多喜欢看日剧的学生会说出"ホテル"这个词,这正是比较的关键。教师予以肯定,中日语言中"宾馆"和"旅馆",确实可以在一定程度上对应"ホテル"和"旅館",但又存在着差异。接着给出"旅館"一词的日语释义。《広辞苑》"旅行者を宿泊させることを業とする家。主に和式の構造設備を持つものにいう。"这里我们需要关注的是释义中"和式の構造設備を持つ"这一部分。

认知原因。大家开始讨论什么的构造和设备是日式的呢?传统的房屋,包括玄关、拉门、走廊、庭院、榻榻米,传统的服饰和服,待客方式,传统的食物等,学生间的相互讨论传递了各自的想法,同时激发了思考和表达的热情。这时,教师播放视频《花开物语》中关于"旅館"在日本到底是什么样的一种住处,通过视频学生不仅了解到房屋、服饰、食物这些显性文化,还了解到传统日式旅馆的待客方式以及文化背景这些隐形文化。

3. 教学反思

教学过程由浅入深地引出"ホテル"和"旅館"的差异,学生进一步修正了原有的认知图式,了解到日本社会"洋式"和"和式"的并存,比如饮食有"洋食"和"和食",服装有"洋服"和"和服",囊括了衣食住行中的三大部分。这一社会现象与历史进程紧密相关,是明治维新后西方文化的进入与日本民族文化融合的结果。虽然是极普通的一个名词,通过挖掘深层次的文化内涵,学生对社会文化背景的认识进一步提高。

(二)教学案例二

1. 教学项目解析

《中日交流标准日本语》❶初级下册第 26 课的应用课文标题为"握手とお辞儀",体现了中日两国截然不同的两种见面打招呼的方式,属于文化要素中的文化实践,教师应运用认知内容和认知方式展开课堂教学。

2. 文化教学过程

(1)认知内容

首先理解课文的基本意思,对话内容就是初次见面的自我介绍的寒暄语,但情况颇为微妙。一位中国人和一位日本人初次见面,日本人习惯鞠躬致意,而中国人伸出了手,这时日本人慌慌张张地与其握手。如果采用传统的教学方式,除了说明中日见面打招呼方式不同,并没更多可讲的。这里教师请两名男同学来演示,不仅要讲台词,还要表演出动作和尴尬的情绪,两名学生一上台,课堂气氛就活跃了。虽然对话场景简单但是是正式的商务场合,教师首先要求学生端正站姿,学生开玩笑地说"我没有穿西装",实际上也是对商务场合的合理联想。台下学生看得不亦乐乎,表演开始,两名学生完成了基本动作,但是鞠躬的动作很不标准。

(2)认知方式

教师引入礼仪文化部分,说明正确的鞠躬姿势:鞠躬时首先身体站直挺拔,脚尖稍稍打开,眼睛看着对方,然后从腰到背到头要保持笔直地前倾,前倾时速度要适中,到合适的角度停住保持一定时间,之后抬起头把身体收回。大家试了一下,发现没有想象中那么简单,动作的不标准又引发一阵阵哄堂大笑。借着活跃的课堂氛围,教师进一步指出大家的出错之处,告诉大家控制好自己的身体,认真对待,并以恭敬的

---

❶ 人民教育出版社 2005 年 4 月出版。

态度向对方表示礼貌和友好,才能做出真正而得体的鞠躬。

3. 教学反思

鞠躬是日本的礼仪之道,已经融入日本的家庭教育中,不仅表现出对他人的尊敬,而且是自身良好修养的体现。我们所说的话、体现的姿态和表现出的行为都是语言的一部分,反映了对文化的了解和认同程度,因此与日本人打交道的第一步不仅要会说"初めまして、よろしくお願いしま(初次见面,请多多关照)",还要按照对方的礼仪礼节进一步接触,留下良好的印象。

语言与文化密不可分,语言教学必须在文化教学的大视野下进行。教师在开展教学时应把握以下几方面的原则。

首先,从整体把握整学期的教学内容,根据制订的单元教学计划安排教学活动,教学活动突出锻炼听、说、读、写等某一方面的能力即可,不可面面俱到。

其次,教师需要多研究多思考教学内容的输出方式和呈现形式,根据场景需要进行角色扮演、表演、辩论、写作等教学活动,将文化教学和语言教学充分结合。

最后,不同的教学活动中教师承担着不同的角色,认知内容阶段,教师是教学内容的拥有者、调查者和提供者;认知方式阶段,教师是教练和榜样,告诉学生做什么和怎样做;认知原因阶段,教师是向导和合作者;认知自我阶段,教师是倾听者和共同学习者。分清各个环节里教师与学生的主次作用是将文化教学理论的作用发挥到最大的前提。

文化教学理论下的日语课堂是一种研究性的教学,通过文化教学理论框架对每个教学项目解析并组织教学活动。这样的课堂教学过程趣味性更强,师生间、学生间互动频繁,顺利消除了语言实际应用过程中心理上的紧张和焦虑,学生在接触到与自己不同的价值观时能够客观对待,从而使其思辨能力和文化包容能力得到提高,为以后进行跨文化交流奠定了基础。

第三节　语用文化在大学日语教学中的应用

语用文化在大学日语教学中的应用将有助于学生摆脱母语文化影响，激发日语学习兴趣，营造浓厚的语用氛围，提升日语交际能力；语用文化内容力求丰富，涵盖背景文化、语言文化、风俗文化等；同时寻求多样化应用方法，尝试对比应用法、导入应用法与媒体展示法等，全面提升学生跨语言交际能力。

日语作为一门交际性语言学科，它同其他语言学科一样，随着语域文化的发展而不断发展。可见，日语烙上了深深的文化印记。然而在大学日语教学中，不少教师过于注重日语语法知识教学，忽视语用文化应用，导致学生在运用日语进行交际的过程中出现语用错误，制约了学生日语语言交际能力的发展。这就需要我们转变日语教学观念，在日语教学中合理地渗透语用文化，并优化文化应用策略，全面提升学生的日语语用能力。

一、语用文化在大学日语教学中的应用意义

日语与汉语处于不同的语用文化语域中，学生在学习日语的过程中，往往会受到母语文化影响。应用语用文化将大大提升日语教学的有效性，具有重要意义。

(一)摆脱母语文化影响

大学生长期以来接受汉语母语学习，母语文化在学生头脑中形成很深的积淀。日语教学中应用语用文化，有助于提升学生日语语用文化素养，使学生较为系统地了解日语语用文化，从而自觉地摆脱母语文化的干扰。

(二)激发日语学习兴趣

日语语言在长期发展中，形成了丰富的文化底蕴，这些异域文化

往往会带给学生新奇感,在好奇心与新鲜感的作用下,学生学习日语的热情将得到有效激发,从而培养学生的日语学习兴趣,凸显学生在日语学习中的主体地位。

(三)营造浓厚的语用氛围

在日语教学中,语用文化的渗透往往应用于导入环节,在导入过程中,无形中为日语教学创造了生动的学习氛围。

(四)提升语言交际能力

目前,日语学习中制约学生日语交际能力提升的一个突出问题是语用文化差异,日语语用文化的渗透将有效扭转这一现状,将错误运用语用文化导致的错误降低到最低程度,从而提升学生日语语言交际能力。

二、语用文化在大学日语教学中的应用内容

语用文化包括哪些内容,这是应用语用文化首先要解决的问题,一般说来,日语语用文化主要包括背景文化、语言文化、风俗文化等。

(一)背景文化

背景文化是指语言产生的历史背景与时代背景,不同的民族在不同时期文化的内涵是不同的,在无形中影响了日语语言的发展。在日语教学中,我们可以通过日语背景文化介绍,导入日语学习内容,包括日语语域的政治、历史、文学、经济等,从而拓宽学生的视野。

(二)语言文化

语言文化从语言学角度审视日语语言应用的一般常识、习惯等。日语的词汇量非常丰富,无论是俗语、谚语、习惯用语等,都烙上了文化印记,是日语语言区别于其他语言的重要标志。应用语言文化能够有效规范学生的日语语言运用行为,提升语言运用的准确性。

(三)风俗文化

在日语教学中,我们可以应用风俗文化,使学生充分了解日语民

族的民俗民情、语用禁忌与宗教信仰等,从而避免语用文化不得体现象出现。

三、语用文化在大学日语教学中的应用方法

语用文化在大学日语教学中的应用要注重艺术性与科学性,因此我们要优化应用方法,激发学生日语学习的积极性。

(一)对比应用法

对比应用法是指将日语语用文化与汉语语用文化对比呈现的一种应用方法。在日语教学实践中,我们可以围绕语言运用的一种现象,例如用餐语言,将日语用餐语用文化与汉语语域的用餐语用文化进行比较,从而突出汉语用餐语用文化与日语用餐语用文化的区别,强化学生对两者语用文化的认识,从而使学生摆脱二语语用文化的相互干扰。

(二)导入应用法

导入是日语教学的一个重要环节,在导入环节有机应用语用文化是一个有效的路径。在具体应用中,我们可以借助语用文化创设导入情境,不仅可以有机地对学生进行语用文化渗透,丰富学生语用文化知识积淀,而且能够为学生的日语学习搭建语用场景,使日语教学摆脱单调枯燥的现状,提升日语教学的有效性。

(三)媒体展示法

媒体展示法是依托现代信息技术手段,借助多媒体展示一段音频或视频画面,例如某个日语电影的片段,让学生在收听音频或者观看视频的过程中,更为直观地感受日语语用文化,从而激发学生学习日语的兴趣,并有机渗透语用文化知识,帮助学生形成较为系统的语用文化知识体系。

总之,语用文化在大学日语教学中的应用具有重要意义,大学日语教师要进一步转变日语教学理念,不断丰富自身的日语语用文化

积淀,较为系统地在日语教学中应用语用文化,丰富学生的日语语用文化知识,并尝试运用多样化的方法将语用文化有机植入日语教学,全面提升学生的日语跨语言交际能力。

第四节　中日文化差异在日语会话教学中的应用

日本文化受宗教信仰的影响较为明显,这种影响在其语言中也反映出来。日本文化是多元化的,反映在日本民族对待宗教的态度上就是宽容的,上帝、佛祖、神灵同在,多宗教相安共处。日语中有不少反映基督教的习语,如"求わよさらぱあにぇられん""正しき者は悩み多し"等,也有大量的佛教用语,如"仏の顔も三度""逢うは別れの始め"等。另外,日本毕竟是以神道为自主宗教的,故有关神、神社、神器等的习语更是数不胜数,如"神の正面仏のま尻""神は非礼を受けず"等。本节主要对中日文化差异进行分析,举例说明其在日语会话教学方面的应用。

一、中日文化的差异

(一)历史文化的差异

历史文化指的是由特定的历史发展进程和社会遗产的沉淀所形成的文化。由于各个民族和国家的历史发展背景不同,因而在其漫长的历史长河中所沉淀形成的历史文化也不同。古代日本文化受中国文化影响之深不用赘言,然而任何一个国家和民族都有其独特而具体的历史发展脉络,日本的历史毕竟不同于中国。在表达同样意思的时候,中日两国的习语由于历史背景文化的差异、历史典故的不同,故而反映了各自独有的文化传统特色。

例如,同样是对心目中偶像的赞誉,日本人会说"花は桜木、人は武士"。樱花是日本的国花,象征着美;武士在日本江户时代,作为一个统治阶层曾登上了政治舞台,达到了辉煌的顶峰。故日本人认为,花中以樱花最出色,人中以武士最高洁。而中国人则赞叹"人中吕布,马中赤兔"。吕布是东汉末年的一名武将,非常勇猛,并擅长弓马,人称"飞将";赤兔为吕布所骑之骏马。故中国人会说"人中俊杰数吕布,马中之骏数赤兔"。

中日在宗教信仰、历史文化方面虽然存在着文化差异,但这种差异并非跨语言、跨文化交际不可逾越的鸿沟。准确把握这些文化差异形成的原因,对于我们全面认识中日文化差异,进行切实有效的跨语言、跨文化交流,有着重要的现实意义。

(二)生活及社会交际中的差异

日本人在生活中有很多公式性的问候语。例如,早上起床后,家人之间要互相问候"早上好";出门时,要对家里的人说"我走了",在家里的人则要说"你走好";回家进屋后要说"我回来了",家里的人则要说"你回来了";吃之前要说"承蒙款待,我吃了",用餐后要说"承蒙款待,我吃饱了";晚上睡觉之前要说"晚安";下班的时候,同事之间要相互说"您辛苦了";等。

在日本人的生活中,此类问候语可谓时时处处皆有。与日本相比,中国人的这类公式化的客套问候就少得多了。对于中国人来说,关系比较亲近的人之间是不需要说客套话的,如果使用了,反而给人以生疏的感觉。特别是在家庭中,中国人几乎不使用任何客套话。如果家庭成员之间使用了"谢谢"这个词,那么一般表明两者之间发生了什么矛盾。汉语中也有一句公式化的问候语,是众所周知的,那就是"你好"。但是,这句话,与其说是问候语,倒不如说是一句交际用语,它一般用于初次见面的人之间,关系亲近的朋友之间是不使用这句话的。换一句话说"你好"是关系生疏的人之间的第一句问候语。

由此看来,中国人的问候语实际上是一种交际会话,没有一定的格式,是根据不同时间的具体情况和心理状态进行的,和日语中的程序性和程式化的问候语有着根本的不同。但是,不管采取什么形式的问候语,都是一种使人际关系趋于良好的交际手段,在这一点上,日本人的公式化的问候语和中国人的灵活多样的问候语其作用是相同的。

二、中日文化差异的根源

(一)世界观

世界观影响了我们认识的方方面面,因此它影响了我们的信仰和价值系统以及我们如何思考。一种文化的价值观可以视其为核心。拉里·萨莫瓦等人在书中讲道,世界观是指一种文化对神、人类、自然、存在的问题、世界和宇宙、生活、死亡、疾病以及其他能影响其成员观察世界的哲学问题的价值取向。

例如,中日文化中都包含了"耻感文化",两种文化都重视名誉,知廉耻。知耻改过是中国传统美德之一,历来被视为"立人之大节""治世之大端"。而日本由于受武士道精神的影响很深,日本人在遭受挫败或受辱后的表现则比中国人偏激许多。即使在现代的日本社会,政界、商界、各种阶层、各种领域,在蒙受耻辱或有不洁之名后,仍有很多人采用自杀以做了结,以求得到舆论的宽宥。又如在中国牡丹有"国色天香"的美誉,中国人视为国花。因为自中唐以来牡丹就逐步成为富贵繁华、生活荣盛的象征。而日本人把樱花选定为国花,因为樱花花期虽短,却开得绚丽多姿,从南到北,轰轰烈烈。日本人正是崇尚樱花这种精神,认为人生虽短,也应像樱花那样,轰轰烈烈地干出一番事业。

(二)家庭结构

中国有很多俗语都与"家"有关,如"家和万事兴""积善之家,必有余庆;积恶之家,必有余殃"。这些俗语都体现了家庭的重要性,以及家庭对其成员的影响力。拉里·萨莫瓦等在《跨文化交际》一书中阐述了家庭与文化关系的四个方面,即性别角色、个人主义与集体主义、年龄,以及社会技能。

中日在家庭结构方面相似。比如,男性一般在家庭中居主导地位;对长者要尊敬;要与人为善;等等。但在家庭财产继承制度上却有着明显的不同,这一点值得注意。

所谓家庭继承制是指一个文化模式中的家庭用什么样的方式把家庭资源传递给家庭的后代。中国家庭财产实行诸子均分制,而日本家庭实行一子继承制。日本的那种传统"家"制度和观念构成了他们垂直的"亲分子分"的特征;而中国传统家族继承制度使中国人具有系谱观念,形成其社会行为中的"差序关系"特征。

三、中日文化在会话教学方面的应用

如果不重视将中日文化对比引入教学中,那么在日语会话中就会有很多的不当之处。比如中国人见面常问"吃饭了吗?""去哪了?"之类的话,在日本人看来这样的问候是十分失礼的行为。日本人见面常用"お出かけですか""今日はいいお天気ですね"等问候语。再比如日本人在日常对话中为了表示礼让,说话人一般不将自己的态度和想法直接说出来,而是采用迂回的、委婉的、含蓄的或留有余地的语言表示出来,这种表现在日语里被称为"婉曲表现"。日本人在日常会话中多采用这种形式,这是由日本人的暧昧性特征决定的。他们很少直接回答"是"或"不",当要拒绝别人的要求时,直接说出来恐怕伤害对方的感情。而中国人大多数以坦率为美德,一般会先说结论,直截了当回答对方。因此在日语会话教学中,一般要和学生重点强调中日文化差异避免直接使用"だめですか""無理です"等这类的词语。一般可用"あとで""いい""もういい""せつかくですが"等词语来委婉地表达拒绝。

两国文化不同,在交流中使用的肢体语言也大不相同。例如,日本人在说话过程中有随声附和、频繁点头的习惯,在日常对话中平均几秒钟就会出现一次。这在中国文化习惯看来是谦卑或肯定对方的表现,但在日本这只是说明他在听对方说话,是日本人与人交流时的一种普遍习惯。

参考文献

[1] 毕继万. 跨文化交际理论研究与应用[M]. 北京:北京语言大学出版社,2014.

[2] 福泽谕吉. 文明论概略[M]. 北京编译社,译. 北京:商务印书馆,2009.

[3] 曹大峰. 日语语言学与日语教育[M]. 北京:高等教育出版社,2014.

[4] 曹大锋. 日语教学与教材创新研究:日语专业基础课程综合研究[M]. 北京:高等教育出版社,2006.

[5] 陈国明. 跨文化交际学[M]. 上海:华东师范大学出版社,2009.

[6] 程青,张虞昕,李红艳. 日语教学理论与实践模式研究[M]. 长春:吉林人民出版社,2019.

[7] 丁尚虎,赵宏杰. 社会语言学与日语教学研究[M]. 上海:上海交通大学出版社,2019.

[8] 陈望道. 修辞学发凡[M]. 上海:复旦大学出版社,2008.

[9] 丁以寿. 中华茶道[M]. 合肥:安徽教育出版社,2007.

[10] 董春芹. 跨文化视域下的日语教学研究[M]. 长春:吉林人民出版社,2019.

[11] 顾伟坤. 日本文化史教程[M]. 上海:上海外语教育出版社,2008.

[12] 关春园,徐宏亮. 多元化视角下的日语研究[M]. 北京:新华出版社,2015.

[13] 郭晓雪. 互联网+时代的日语教学模式探究[M]. 北京:北京工业大学出版社,2019.

[14] 江新兴,岳珊. 日语写作[M]. 北京:旅游教育出版社,2015.

[15] 冯莉. 翻转课堂趋势下的日语互动教学研究[M]. 北京:北京

工业大学出版社,2019.

[16] 揭侠.日语修辞研究[M].上海:上海外语教育出版社,2005.

[17] 刘宓庆.新编当代翻译理论[M].北京:中国对外翻译出版有限公司,2012.

[18] 郭晓雪.日语教学与学生交际能力培养[M].哈尔滨:东北林业大学出版社,2019.

[19] 吉晖.语言活动理论与设计实例[M].武汉:武汉大学出版社,2019.

[20] 姜述锋.文化视角的日语教学研究[M].长春:吉林出版集团股份有限公司,2020.

[21] 姜毓锋.基于多模态话语理论的外语教学模式构建[M].北京:北京理工大学出版社,2015.

[22] 张红玲.跨文化外语教学[M].上海:上海外语教育出版社,2007.

[23] 王树槐,翻译教学论[M].上海:上海外语教育出版社,2013.

[24] 金海燕,申福贞,崔明爱.日语语境与互动教学[M].北京:现代出版社,2017.

[25] 金华.日语语法基础知识与教学研究[M].广州:华南理工大学出版社,2017.

[26] 兰智妮.日语教学理论透视及其实践模式[M].长春:吉林文史出版社,2020.

[27] 况云筑.日语教学与思维创新[M].北京:光明日报出版社,2016.